红色记忆® 8

神兵巧伏雁门关

海南省文化交流促进会　编

南海出版公司
2011·海口

图书在版编目（CIP）数据

红色记忆·第1辑·8 / 海南省文化交流促进会编．
—海口：南海出版公司，2011.12（2025.1重印）
ISBN 978-7-5442-5639-1

Ⅰ．①红… Ⅱ．①海… Ⅲ．①革命传统教育—中国—青年读物②革命传统教育—中国—少年读物 Ⅳ．①D642-49

中国版本图书馆CIP数据核字（2011）第248181号

HONGSE JIYI · DI 1 JI · 8
红色记忆·第1辑·8

作　　者　海南省文化交流促进会
总 策 划　刘　栋
主　　编　王晓建
执行总编　张　桐　张爱国
责任编辑　聂　敏
封面设计　郑广明
排版印务　冉苗俊
发行总监　杨成春
出版发行　南海出版公司　电话：（0898）66568508　66568511
社　　址　海南省海口市海秀中路51号星华大厦五楼　邮编：570206
电子信箱　nhpublishing@163.com
经　　销　新华书店
印　　刷　天津睿意佳彩印刷有限公司
开　　本　787毫米×1092毫米　1/16
印　　张　6.25
字　　数　100千字
版　　次　2011年12月第1版　2025年1月第2次印刷
书　　号　ISBN 978-7-5442-5639-1
定　　价　39.80元

序

对历史无知的人，没有真正的信仰可言；没有信仰的人，不可能拥有美好的理想，不可能胸怀崇高的情感，也就不可能担负起任何责任。用欲望文化代替历史教育，足以使一个国家的青年被腐蚀、使一个民族的希望被毁掉，使这个国家和民族被永世万代地奴役！

鉴于此，我们呼唤历史，唤回那段属于二十世纪的“红色”历史，唤回那段炮火硝烟、颠沛流离的历史，唤回那冲天的狼烟留下的悲壮回忆、岁月年轮沉淀的斑驳痕迹。历史不应该被忽略，更不应该被遗忘，牢记那段革命战争年代的红色历史更是责任。为了那些不应该被忘却的记忆，为了那些不应该被丢弃的信念，于是就有了这套《红色记忆》丛书。

曾记否，当草鞋与意志丈量出来的两万五千里穿越一个伟大民族五千年的荣辱兴衰，革命的火种被一路播撒、一路点燃。人迹罕至的雪山、荒无人烟的草地被鲜血浸透，衬映出一段光辉的里程；万水千山早已被远远地抛在身后，一轮红日在黄土高原磅礴而起。满目疮痍的河山在1936年10月温暖如春……

曾记否，当生命和鲜血浸染的十几年光阴将一种记忆铭刻进一个伟大民族的历史画卷，革命的火焰从星火到燎原。这栏杆拍遍、易水悲歌般的呼号，这折戟沉沙、慷慨赴义的悲壮，这铁马冰河、枕戈待旦的苦战，这红旗漫卷、所向披靡的豪迈……腔腔热血、铮铮铁骨早已被熔铸成一座不朽的丰碑，中华民族从苦难中百死后生的壮丽诗史凝结成了五星闪耀的红色记忆。

曾记否，中华人民共和国成立以来，又有无数英烈接过前辈用鲜血染红的旗帜，或壮怀激烈戍边卫国，或忠于职守鞠躬尽瘁，或绝甘分少奉献大爱，甘做国家强盛、人民富裕的铺路石，成为和平年代民族复兴的荣光，把人民心中的红色记忆浸染得分外鲜艳，永不褪色。

这红色记忆，是信念不衰、志向不改的崇高气节；这红色记忆，是无私无我、生属苍生的博大胸怀；这红色记忆，是敢为人先、披荆斩棘的拓荒精神；这红色记忆，是中华民族最宝贵的精神财富。它告诫我们，人事有代谢，传承无绝期。缅怀先烈精神，继承先烈遗志，是社会的道德和民族的良心，是后来者须臾不可忘怀的本分。

老一代人把历史的真实交付给我们，我们有责任用真实还原历史，传承给下一代，把那段岁月与现在年轻人的生活连接到一起，使他们眼中的历史变得立体、真实、可靠，让历史成为他们前进的动力。本丛书将那些流动的、随时会飘散在时间天际的事件凝固下来，希望透过这些文字、图片，感受到英雄们那坚定的革命信念，感受到那个年代澎湃的革命激情，真切体会那段“红色历史”。

忘记历史，就意味着背叛。让我们重温历史，缅怀先烈，从中汲取力量，毅然前行。

刘栋

目录 CONTENT

我的长征故事

口述/胡孝伯　整理/符　嘉

胡孝伯

十三岁少年徒步追出一百六十里
虚报年龄入伍当红军

我是1921年出生的，湖南涟源人。小时候家里穷，父亲给地主做长工，我就给地主家放牛。那时候在地主家里吃了很多苦，家里没粮食，饭只能在地主家吃。可我放了一天的牛，地主不仅不管饭，还要把饭钱从父亲的工钱里扣出来。我父亲一个月才挣一块钱，经过地主的盘剥，一年干下来不仅不挣钱，弄不好还得倒欠着地主的钱。从小，我就对地主老财们满怀仇恨。

十三岁那年，有一天我经过路旁的一个茶棚。听里面喝茶的客人在议论什么红军。那时候我根本不知道啥叫红军，只听茶客说：红军都是好人，帮着穷苦老百姓打地主。一听说有人愿意帮着老百姓打地主，我就下了决心一定要去当红军。当时他们说有一支红军队伍就在附近，听了这消息，我放下手中的牛鞭就去找红军了，连家里人都没通知。

可红军究竟在哪里呢？一路打听有人说在蓝田镇。这个镇子离我家有二十多里地。等到了地方有人说红军走了，往锡矿山方向去了。我不敢休息，接着追，追了六十多里路到了锡矿山，红军又转移了。当地人说红军赶往一百多里外的新化了，我又连夜在后面追，生怕找不到红军了。终于在离新化城外二十里的地方，我追上了红军部队。

追红军的一路，我出门时身上没有带任何的东西，渴了就喝稻田里的水，困了又不敢睡，只能找个草垛趴一会儿。路上，饿得受不了，捡了别人吃剩的一个梨核儿，勉强有了点力气。为了追这一百六十里路，我跑了两天一夜没停过。

当时红军正在当地招兵。我就去应征了，可我发现红军不要十五岁以下的兵，报名时我就偷偷地改了年龄，虚报自己有十五岁了。就这样，我成了一名红六军团的小战士。当天，我吃了顿难得的饱饭——红军做的小米饭。

战友在雪山里给我盖毯子
自己却冻死在我的身边

长征这一路啊，每一个树窝下、草垛旁，都可能有我们红军战士在那儿长眠，筑起了一路生命的丰碑。很多红军战士躺下休息之后就再也没起来过。

由于年纪小，个子矮，刚参军的我被分配到军医院干护理员，照顾伤员。爬雪山时我们排里一共有十五个和我年纪差不多大的护理员，可出草地的时候，只剩下两个人了，其他人都牺牲在路上了，我也差一点没走下来。

翻雪山从早上5点多开始，领导分配给我一名伤员，让我照顾他。雪山上很冷，不能停下来，不然就会被冻死。开始我搀着他，他还能走。后来，任凭我怎么又拽又拉，他也走不动了，我就背起了他。山上全是雪，路面很滑，我们走不快，很快就掉队了。我咬着牙坚持着，终于在下午6点多的时候下了山。

山脚下有棵树，我俩当时累得支持不住了，就决定在树下休息一会儿，不知不觉中我就睡着了。

我醒的时候，发现身上盖了条毯子。那个伤员和我并排躺着，身上啥也没盖。我去推他，想喊醒他继续赶路。可任凭我怎么推，他也没有一点反应。我吓得大哭，嘴里不停地喊着："你快醒醒啊，你快醒醒啊……"这名伤员当时就这样牺牲了。

我身上的那条毯子是这名伤员给我盖上的，如果没有那条毯子，我可能也就被冻得起不来了。多好的战友啊！当时我就下定决心，一定要追上大部队，完成整个长征，因为这已经不仅是我一个人的心愿，我也背负着战友生命的嘱托。离开时，我郑重地将这个毯子盖在战友身上，流着眼泪，向战友敬了一个军礼，然后向大部队前进的方向飞奔追去。

篝火堆里翻出个马蹄子
啃了三天终于走出草地

都说红军很苦，是吃草根、啃皮带，可实际上很多时候红军战士连皮带、草根都没得吃。为了找粮食，不少战友甚至付出了生命的代价。

由于敌军与当地的地主土豪相勾结，在红军经过云南、贵州的时候，当地的地主把粮食全部藏了起来。敌人想通过"坚壁清野"的办法将长途跋涉的红军彻底拖垮。于是红军在行军中一项重要的任务就是找粮食。有时，地主在藏粮食的时候在路上落下粮食粒，跟着这些踪迹往往能找到敌人的大粮仓。可是地主老财发现这种情况后，就设下了不少陷阱。

我曾经亲眼看到，一个跟着踪迹找粮食的战士被敌人引入圈套后俘虏，然后活活地被开膛破肚，吊在烈日下暴晒。还有一次，一个找粮食的战士被敌人用猎枪打中，在地上活活挣扎了一个多小时后才牺牲。看到这些非人的行径，我对敌人的恨更深了。

在进入草地后，红军的条件更艰苦了。进入毛儿盖大草地后，我因为饥饿没劲掉队了。前面的队伍已经将草根吃掉了，已经找不到任何的食物。就在这个时候，我发现有个篝火堆，像是前面部队留下来的。也没有其他的东西可以找了，我就蹲下来想碰碰运气，谁知道还真找到了一只马蹄子。我当时高兴坏了，这东西虽然不是什么美味，但至少可以充饥。于是我用石头把马蹄子外的角质砸掉，用火烤了烤就啃了起来。就这样，饿了我就啃两口，三天后我终于走出了草地。

（本文摘自半岛网）

金色的鱼钩

文/佚　名

1935年秋天，红四方面军进入草地，许多同志得了肠胃病。我和两个小同志病得实在跟不上队伍了，指导员派炊事班班长照顾我们，让我们走在后面。

炊事班班长快四十岁了，个儿挺高，背有点儿驼，四方脸，高颧骨，脸上布满皱纹，两鬓都斑白了。因为全连数他岁数大，对大家又特别亲，大伙都叫他“老班长”。

三个病号走不快，一天只走二十来里路。一路上，老班长带我们走一阵歇一阵。到了宿营地，他就到处去找野菜，和着青稞面给我们做饭。不到半个月，两袋青稞吃完了，饥饿威胁着我们。老班长到处找野菜，挖草根，可是光吃这些东西怎么行呢！老班长看我们一天天瘦下去，他整夜整夜地合不拢眼。其实他这些天比我们还瘦得厉害呢。

一天，他在一个水塘边给我们洗衣裳，忽然看见一条鱼跳出水面。他喜出望外地跑回来，取出一根缝衣针，烧红了，弯成了钓鱼钩。这天夜里，我们就吃到了鲜美的鱼汤。尽管没加作料，可我们觉得没有比这鱼汤更鲜美的了，端起碗来吃了个精光。

以后，老班长尽可能找有水塘的地方宿营，把我们安顿好，就带着鱼钩出去了。第二天，他总能端着热气腾腾的鲜鱼野菜汤给我们吃。我们虽然还是一天一天衰弱下去，但比起光吃草根野菜来毕竟好多了。可是老班长自己呢，我从来没见他吃过一点儿鱼。

有一次，我禁不住问他：“老班长，你怎么不吃鱼啊？”

他摸了摸嘴，好像回味似的说：“吃过了。我一起锅就吃，比你们还先吃呢。”

我不信，等他收拾完碗筷走了，就悄悄地跟着他。走近前一看，啊！我不由得呆住了。他坐在那里捧着搪瓷碗，嚼着几根草根和我们吃剩下的鱼骨头，嚼了一会儿，就皱紧眉头硬咽下去。我觉得好像有万根钢针扎着喉管，失声喊起来：“老班长，你怎么……”

老班长猛抬起头，看见我目不转睛地看着他手里的搪瓷碗，就支吾着说：“我，我早就吃过了。看到碗里还没吃干净，扔了怪可惜的……”

“不，我全知道了。”我打断了他的话。

老班长转身朝两个小同志睡觉的地方看了一眼，一把把我搂到身边，轻声说：“小声点儿，小梁！咱们俩是党员，你既然知道了，可不要再告诉别人。”

“可是，你也要爱惜自己啊！”

“不要紧，我身体还结实。”他抬起头，望着夜色弥漫的草地。好久，才用低沉的声音说，“指导员把你们三个人交给我，他临走的时候说：‘他们年轻。一路上，你是上级，是保姆，是勤务员啊，无论多么艰苦，也要把他们带出草地。’小梁，你看这草地，无边无涯，没个尽头。我估计，还要二十天才能走出去。熬过这二十天不简单啊！眼看你们的身子一天比一天衰弱，只要哪天吃不上东西，说不定就会起不来，真有个三长两短，我怎么去向党报告呢？难道我能说：‘指导员，我把同志们留在草地上，我自己克服了困难出来啦’？”

“可是，你总该跟我们一起吃一点儿呀！”

“不行，太少啦。”他轻轻地摇摇头，“小梁，说真的，弄点儿吃的不容易啊！有时候等了半夜，也不见鱼上钩。为了弄一点儿鱼饵，我翻了多少草皮也找不到一条蚯蚓……还有，我的眼睛坏了，天色一暗，找野菜就得一棵一棵地摸……”

我再也忍不住了，抢着说：“老班长，以后我帮你一起找，我看得见。”

“不，咱们不是早就分好工了吗？再说，你的病也不轻，不好好休息会支持不住的。”

我还坚持我的意见。老班长忽然严厉地说：“小梁同志，共产党员要服从党的分配。你的任务是坚持走路，安定两个小同志的情绪，增强他们的信心！”

望着他那十分严峻的脸，我一句话也说不上来，竟扑倒在他怀里哭了。

第二天，老班长端来的鱼汤特别少，每个搪瓷碗里只有小半条猫鱼，上面漂着一丁点儿野菜。他笑着说：“吃吧，就是少了点儿。唉！一条好大的鱼已经上了钩，又跑啦！”

我端起搪瓷碗，觉得这个碗有千斤重，怎么也送不到嘴边。两个小同志不知道为什么，也端着碗不往嘴边送。老班长看到这情况，收敛了笑容，眉头拧成了疙瘩。他说：“怎么了，吃不下？要是不吃，咱们就走不出这草地。同志们，为了革命，你们必须吃下去。小梁，你不要太脆弱！”最后这句话是严厉的，意思只有我知道。

我把碗端到嘴边，泪珠大颗大颗地落在热气腾腾的鱼汤里。我悄悄背转身，擦擦眼睛，大口大口地咽着鱼汤。老班长看着我们吃完，脸上的皱纹舒展开了，嘴边露出了一丝笑意。可是我的心里好像塞了铅块似的，沉重极了。

挨了一天又一天，渐渐接近草地的边了，我们的病却越来越重。我还能勉强挺着走路，那两个小同志连直起腰来的力气也没有了。老班长虽然瘦得只剩皮包骨头，眼睛深深地陷了下去，还一

红军过草地

红二方面军长征带到陕北的唯一一门山炮

长征中渡过的河

直用饱满的情绪鼓励着我们。我们就这样扶一段，搀一段，终于走到草地边上，远处，重重叠叠的山峰已经看得见了。

这天上午，老班长快活地说："同志们，咱们在这儿停一下，好好弄点儿吃的，鼓一鼓劲，一口气走出草地去。"说罢，他就拿起鱼钩找水塘去了。

我们的精神显得特别好，四处去找野菜、拾干草，好像过节似的。但是过了好久，还不见老班长回来。我们四面寻找，最后在一个水塘旁边找到了他，他已经昏迷不醒了。

我们都着慌了。过雪山的时候有过不少这样的例子，战士用惊人的毅力支持着自己的生命，但是一倒下去就再也起不来了。要挽救老班长，最好的办法是让他赶快吃些东西。我们立即分了工，我去钓鱼，剩下的一个人照料老班长，一个人生火。

我蹲在水边，心里不停地念叨："鱼啊！快些来吧！这是挽救一个革命战士的生命啊！"可是越性急，鱼越不上钩。等了好久，好不容易看到漂在水面的芦秆动了一下，赶紧扯起钓竿，总算钓上来一条两三寸长的小鱼。

当我俯下身子，把鱼汤送到老班长嘴边的时候，老班长已经奄奄一息了。他微微地睁开眼睛，看见我端着的鱼汤，头一句话就说："小梁，别浪费东西了。我……我不行啦。你们吃吧！还有二十多里路，吃完了，一定要走出草地去！"

"老班长，你吃啊！我们抬也要把你抬出草地去！"我几乎要哭出来了。

"不，你们吃吧。你们一定要走出草地去！见着指导员，告诉他，我没完成党交给我的任务，没把你们照顾好。看，你们都瘦得……"

老班长用粗糙的手抚摸我的头。突然间，他的手垂了下去。

"老班长！老班长！"我们叫起来。但是老班长，他，他的眼睛慢慢地闭上了。我们扑在老班长身上，抽噎着，很久很久。

擦干了眼泪，我把老班长留下的鱼钩小心地包起来，放在贴身的衣兜里。我想，等革命胜利以后，一定要把它送到革命烈士纪念馆去，让我们的子子孙孙都来瞻仰它。在这个长满了红锈的鱼钩上，闪烁着灿烂的金色的光芒。

（本文选自《红旗飘飘》）

半斤黄油

文/熊伯涛

熊伯涛

那最后的半斤黄油到底还是丢掉了，至今想起来还觉得可惜，究竟为什么丢掉的呢？

当长征的铁流到达川西北的时候，我们第一军团教导营因为是跟在军团直属队和中央纵队的后面走，所以常常弄不到粮食，更不用说其他副食品，同志们因缺乏营养而皮干骨瘦。

一天，我们到达卓克基附近时，一队敌人藏在喇嘛寺里阻击我们。经过一场激烈的战斗后，敌人逃跑了，我们的部队占领了喇嘛寺。

我和王教员听到这个消息后，出于好奇心，就跑到喇嘛寺里观光了一番。我俩东游西转，忽然发现墙脚下有几斤黄油，上面蒙着一层灰尘，看样子是被人遗忘了。我想丢在这里怪可惜的，就顺便带了回来，交给上级。陈营长说：“你们自己用了吧！”于是，我们把黄油表层的尘土刮掉，借伙房的菜盒来溶化，阵阵的香气扑鼻而来，激起了我们强烈的食欲。我们两人就拿起青稞麦饼蘸着吃，感到非常好吃。我开玩笑地说：“同志，什么叫舒服？你看，在这种环境下能有这样的享受，真是南面王不易也！”

王教员若有所思地说：“味道是不错，可是这黄油有三四斤重，以我们现在的体力，怎么带走呢？”

“我们轮流带，越吃越少，负担也就逐渐减轻了。”我说。

从卓克基出发，我俩讲好换着背，可具体实行起来，王教员总是破坏“协议”。只要黄油在我身上，他就说：“老熊，我来背，你看我这么大的个子，不要说这点小玩意儿，再大一些的东西也能背动！”

要是我去接替他呢，他把身子一闪，用手一推，说：“看你瘦得像个衣服架子，背背包就够受的了，还是我再背一会儿吧，我不累！”

背的时候，他拼命抢，可是吃的时候，他又往外推，不肯多吃，有时还请营长或其他教员来共同享受一番。

经过几天的连续行军，一天黄昏，我们赶到马河坝山区边的一个山谷里，路边有一间空民房，营部决定在这里宿营。刚一停下，密集的大雨就瓢泼似的下起来了，一些学员赶忙进了民房，挨肩擦背地挤在一起避雨。大部分同志都在雨地里淋着，几个人能有块布单子蒙住头就算是好的了。

我和王教员面对面地蹲在草地上，任狂风暴雨吹打，衣服被淋透了，冷得上下牙直打架。

我们蹲了不久，两腿又酸又麻。在这漫长的夜里，我几次把王教员拉起来，在雨中走动，活活血脉。下半夜，雨逐渐停了，借着拂晓的微曦，模糊地看到人们都蹲在房檐下、草地上，有的伸懒腰，有的打哈欠。那天晚上，这是仅有的解乏的方法了。

天亮后，大家吃了一点淋湿了的青稞麦饼，把淋湿了的衣物拧了拧，就出发了。

昨天一夜没有好好休息，体力大大削弱了，加上马河坝山区地势很高，空气稀薄，走在上面都感到呼吸困难。队伍的距离越拉越大，营部不得不命令走四五里休息一次，等着大批掉队的同志。

我和王教员也是一样，只觉得四肢无力、浑身发软，走起路来东摇西晃，就连那一点黄油也感到是沉重的负担。怎么办呢，丢掉？不能，在饥饿的日子里，它能给大家带来多么大的生活享受啊，无论如何也要背着。

我们也掉队了，空子越拉越大。心里着急，两条腿仿佛绑上了八十斤重的大石头，任你使多大劲也抬不起来。后来我们只好顺地拖着两脚前进，每走一百米左右就要停下来休息。

“老王，走吧，到前面小土堆那儿休息，那儿有小桥，可以靠一靠。”我说。

“不，到前面那一块青草地休息！那有棵小树，可以靠一靠！”

我们来到草地躺下，把全身肌肉松弛下来，舒舒服服地喘了几口气，我拿出那块黄油说：“咱们快点吃吧，吃掉些也减轻一些负担。”

王教员摇摇头，认真地说：“节省点

红军长征中使用过的竹饭盒和水壶

吧，以后你想找这个负担还找不到呢！”

正说着，在前边休息的几个同志忽然慌慌张张地站起来就跑，嘴里不住地喊：“雪来啦！快跑吧！”

我抬头一看，可不得了，从山后刮来一阵狂风，卷着雪花，铺天盖地向我们这里压来，像一头庞大的猛兽，想把大地上的一切都卷进它的肚子里去。我们赶紧用单子把头蒙起来，两手紧抓着地上较大的草根，身子紧贴地皮，顶着这一场突然而来的袭击。

这一阵风雪过去后，我见王教员神色有些慌张，面孔黄而带青。我推着他说：“快走吧，弄不好风雪又来啦！”我们刚走了五十米，忽然又来了更大的风雪，中间还夹着冰雹，像涌起的巨浪，一起一伏的，紧一阵慢一阵地打得脸生疼。这时，不用说走路，连站着也会被吹得摇晃。我认为再停留下去是很危险的，必须坚持前进，可是王教员却往路旁一坐，向我摆着手说：“老熊，你快走吧！菜盒是伙房的，不能丢，油也带上。”

我听了他的话，心里很难过，就鼓励他说：“老王，挺着，把能丢的东西丢掉，马上起来走！”

其实我们身上几乎没有带什么东西，没有什么可减的了，一定要减，也只有那些黄油。我犹豫了片刻，想到还是人要紧。就接过菜盒，不顾老王反对，用石头把黄油刮掉，这样一来，果然身体轻了一点。我拿起菜盒，扶他起来，在风雪里弯腰前进。

爬过了一个高峰，风雪就过去了。我们像是卸掉了千斤的压力，高兴极了，脚步也快了起来。走不远，就看见有十几位同志躲在一个石壁下面休息，我俩也凑过去。

“真怪，好晴的天，那吓人的风雪说来就来，简直想把人卷走似的！”一

长征中使用的铁饭盒

个战士余惊未息地说。

收容队的党支部书记用手拍了一下他身旁的小勤务员，笑着说：“不是我拉着这小鬼，他就被风刮跑了！”

“哪里会刮跑？只不过是有点站不稳。”小勤务员羞涩地辩解，大家哄地笑起来。

我和王教员一边听他们说，一边摸出仅有的约一两重的两块干硬的黑饼，不由得想起黄油来。王教员说：“要是不丢就好啦！回去找找吧！”

真是谈虎色变，余悸犹深，又引得大家哄堂大笑。

“同志们！天不早啦，到宿营地再好好休息吧！小鬼，起来走！”支部书记提醒大家，休息的所有同志，都一齐站起来。

下山是个慢坡，大家走得很起劲，黄油也离我们越来越远。从那以后，我们的生活就更艰苦了。

（本文选自《星火燎原》）

参军是我一辈子的骄傲

口述/贾国胜 编辑/符 嘉

贾国胜

参军是我一辈子的骄傲

对我来说，参加革命是我一辈子经历中最深刻的一段记忆，虽然那些枪林弹雨的日子每天都让人绷紧了神经，但那也是我最骄傲的事。我参加革命，靠的是革命意志的支撑！红军是穷人的军队，这是我参加这支部队的原因。即使负伤，每走一步都要付出巨大的努力，我也宁愿死在革命的路上，决不脱离自己的队伍。

1917 年，我出生在山西省一个普通的贫苦农民家庭。家里兄弟姐妹多，家境比较贫寒。我家那时生活很苦，每天吃的都是山里挖来的野菜加一点米糠，吃了上顿没下顿。从幼年起，我就给地主放羊来贴补家用。红军来了以后，给我家带来很大的影响，那个年代没读过书，我还不懂什么革命道理，只是看到参加红军可以有饭吃，我们一家五兄弟就有四个跟随红军走上了革命的道路。

我还记得，当时有很多像我们一样的贫苦农民参加了中国共产党领导的革命。1936 年，我参军后，成了老二团的一位普通战士，跟随红军队伍四处打仗。以后的日子里，我参加了抗日战争和解放战争，还在一次打日本人的战斗中负了伤。

我躲过了那一枪

在战斗中，我们时刻要保持清醒的头脑，即使睡觉也要有三分清醒，因为敌人随时都有可能打过来。

我记得那次和日本人交火时我在三八六旅任排长。正当我和战士们分散吃饭的时候，就听到“啪、啪、啪”几声枪响，发觉情况不对后，我带领着战士冲了出去。那时我们还没有手枪，只有长枪，在追击过程中，我越来越接近带头的日本人，战场纪律严明，部队首长要求活捉敌人，我也不敢轻易开枪，只能冲着前面逃窜的敌人大吼：“给我站住，不然我就开枪了。”敌人虽然听不懂我说什么，但一看这阵势也吓得举起了手。但没想到的是带头的日本人趁我不注意，从腰间掏出枪来，朝着我开了一枪，我一看他转身，觉得情况不对，一闪身就感觉子弹嗖的一声从头皮上划了过去，顿时觉得眼前一黑，用手一摸，血从我的脑袋上汩汩地流了下来，接着，我就失去了知觉。直到其他战士赶来救援时，才把我抬回了营地，幸好子弹只是擦着头皮而过，但对我来说，那次战斗既是我人生中的宝贵经历，也给我留下了深刻的印象。

喜怒哀乐都是歌

战斗的日子里充满着意外，时时要提高警惕应对日本人的“扫荡”。在打游击战最艰苦的时候，战士们每天的粮食只有半斤小麦。那时大家都是年轻力壮的小伙子，这么点粮食根本不够大家填饱肚子，但部队纪律严明，规定战士不准到老百姓家里找吃的，到了实在饥饿难耐的时候，大家就去山里挖野菜、刨草根、割树皮来吃。

但那样的日子也有快乐的时候。战士们每到一个地方都会和当地的大妈学编织，到了冬天，部队都会给大家每人发上一斤毛线，毛线也是战士们从羊身上取毛自己纺成的。想一想，那时大家围坐在一起哼着小调，打毛衣、做鞋袜的快乐也是一种甜蜜的记忆，虽然打出来的毛衣还混杂着羊身上的膻味，但穿上了自己打的毛衣，大家心里都暖洋洋的。一直到现在，我都会随时在外衣兜里装一个针线包，衣服或鞋袜破了，从不找人帮忙，一定要自己缝补。

我的革命兄弟们

我参军时，我的三个哥哥、一个弟弟都已经参加了革命，后来由于大家都跟着不同的部队走，一段时间以后，我们就失去了联系。

中华人民共和国成立后，我想到老家寻找自己的兄弟，但在那里得到的却是一个个噩耗：我的四个兄弟都在战争中牺牲了。我的弟弟上过小学，参加

筑路英雄连（前排左二为贾国胜）

革命时，只有十二岁，牺牲时，也才二十九岁，那时他已经是一名光荣的共产党员了。我转业来到玉溪后，就没有了他们的音信，直到前几年才接到了干休所转来的牺牲证明，没想到儿时记忆里蹦蹦跳跳的兄弟们都走了，现在全家只剩下我一个人了。

我现在感到最遗憾的是找不到兄弟们的后代，有时想起来连觉都睡不好。虽然在我的脑海里，兄弟们的面目已模糊不清，但在我的记忆中，永远都珍藏着他们的笑脸和远去的背影。

革命精神永不忘

我常常用革命精神来教育我的子女，从小听我“讲故事”的子女们有时也会感到厌烦，偶尔反驳一两句：“谁叫你生在了那个年代。”这时我便会说：“正是因为有了我们的那个年代，才会有今天的幸福生活。”那时大家的革命意志都很坚定——打不走，骂不跑，一心一意跟党走。现在的人有了好的生活，很难想象当时的情况，也少了我们那种革命精神，但对于参加过红军和革命的人来说，那是永远留在骨子里，流淌在血液中的精神，永远也不可能忘记。那些血雨腥风的记忆虽已飘然远去，但我和战友们的情谊，以及我的兄弟为革命牺牲的精神都将永远留在我心中。

（本文选自玉溪新闻网）

贾国胜（右一）和战友们在西南军区军事政治大学的合影

红树林里的红色记忆

文 / 周良彪

金秋十月，艳阳高照，我和家人带着年近九旬的老母亲，前往海口市东寨港红树林游玩赏秋。

驱车来到红树林边，一派旖旎的风光呈现在眼前。一条玉带似的海沟伸向远处湛蓝的大海，海沟两岸矗立着一株株千姿百态、碧翠如玉的大树。

原是琼崖纵队战士的老母亲指着这一望无际的红树林回忆说："我是在海边长大的，从小就在红树林里玩耍。红树林在我们当地被称为'枷椗林'。这枷椗林里的树总共有几十种，有海豆、海柳、海椰、海榕，还有一些叫不上名字的海树，它们有一个共同特点，就是都长有气根。如果海水退潮，红树的底部会从泥浆里冒出一丛丛像竹笋似的褐红色的气根，这就是枷椗林里的树被统称为红树的原因。初次见到红树林的人一定会惊异，树木泡在咸苦的海水里，为什么还能长得如此郁郁葱葱，更会惊异这生长在海滩上的红树林竟是无边无际，深不可测。我们海边人都把生长在海滩上的红树林称为'海山'，就是说这红树林像山一样深，生人如果钻进去，三天三夜也转不出来。当年，我们琼崖抗日独立总队一支队，就凭借红树林这绿色屏障，在海山里设立军械厂、仓库、电台、后方医院，利用红树林与鬼子汉奸斗智斗勇。"这番讲解不仅勾起了我们对红树林的极大兴趣，也引得老母亲思绪翻腾，她情不自禁地给我们讲起了发生在红树林里的红色故事：

"1942 年秋，日军向琼（山）文（昌）抗日根据地进行疯狂的'扫荡'。当时，我在文昌基干队当看护，驻扎在文昌东阁乡（现文昌市东阁镇）龙树、外田一带海边，和军需员哥光、膳食员徐玉花一起负责医护二十多名伤病员。

"东阁乡海边生长着茂密的枷椗林，几公里、几十公里连成一片，我们这个医疗组就隐藏在海山之中。白天，躲在枷椗林里活动；晚上，划着小船到露出海面的珊瑚礁上睡觉。风平浪静时，还可以安稳地睡一觉。若遇到刮风下雨，潮涨浪大，伤病员们便只好坐在枷锭树上，抱着树枝，披着破被片，苦熬长夜了。粮食供应更为困难，乡亲们送来的番薯干和从地头边挖来的番薯，这是最美味的食物。由于敌人封锁严、搜索紧，群众无法送来粮食，我们只好向海山索取食物。枷椗林里有一种叫海豆树的低矮灌木，结有淡青色的豆子，又苦又涩，我们先把它用开水烫过，然后放在水里浸泡，再用水煮，以充饥肠。

"为了获得部队的帮助，哥光提出去找上级联系，可是，他出去了好多天仍不见回来，整个医疗组的重担就落在了我的肩上。我们藏在红树林中，行踪飘忽不定，天天都要和敌人'捉迷藏'。每次转移，都由我和徐玉花背着伤病员上下船。小船载重过大不便划撑时，我们便下水推船，有时要泡在齐胸深的水里推好几里，两只脚不知被烂树头、碎贝壳、牡蛎子划出多少道口子，痛得钻心。身上的衣服不是被汗水浸透就是被海水泡湿，时已初冬，被海风一吹，冰凉刺骨。

“当时医疗条件很差，连洗伤口的棉球都没有，更谈不上什么药品了。尽管如此我还是想尽一切办法治疗护理伤病员。没有棉球，我们就从群众那里要来破棉被，取出棉絮洗干净，消毒、晒干；没有药品，我们就采摘草药代替。一天早晨，我从枷椗林里钻出来，悄悄摸上海岸。刚开始寻找草药，就看见两个巡逻的日本兵迎面走来，离我约有百米远。情况紧急，不容迟疑，我撒腿就往回跑。日本兵拉开枪栓向我射击，由于有椰林掩护，敌人的子弹没有打中我。前面就是枷椗林了，这时正值涨潮，枷椗林里的水齐胸深，我冲入枷椗林，海水发出很大的声响。在危急之中，我不知从哪儿冒出个主意，俯身从水底捞起一截腐烂的树头，往远处使劲一抛，飞出去的树头碰得枝叶飒飒作响，落在水里又发出很大的响声，惊得栖息在枷椗林里的海鸟纷纷飞起。我趁机钻进水中慢慢游动，在一丛海树中露出脑袋观察动静。被响声引过去的敌人在海滩上转了一会儿，没发现什么，才垂头丧气地离去了。

“这事发生以后，伤病员们说什么也不让我白天出去采草药了。我为了让他们放心，就改为晚上去采。黑夜中眼睛看不到，就用手摸，拔出草根，摘下草叶，用鼻子闻或用舌头舔，凭经验来辨别。伤病员看我一个人摸黑上岸采药，很不放心，几个勉强能走动的同志便主动给我放哨。

“隆冬降临了，环境更加恶劣，但是我们都坚信，严冬到了，春天还会远吗？有十多个同志的身体逐渐康复了。就在这时，哥光回来了。由于部队四处活动，行踪飘忽不定，他历尽艰辛，辗转一个多月才找到了部队。根据部队领导的批示，我们在地方党组织的协助下，终于突破敌人的封锁线，回到了部队。”

（本文选自《琼崖红色记忆》）

红树林

红色特工阎宝航

文 / 阎明光

阎宝航

阎宝航，字玉衡，1895 年 4 月 6 日出生于辽宁省海城市望台乡小高丽房村。1918 年毕业于奉天两级师范学校。1929 年毕业于英国爱丁堡大学研究院。回国后相继组织起“辽宁省国民外交协会”“辽宁省国民常识促进会”“辽宁省拒毒联合会”三个反日群众团体，分别被选为主席、总干事、会长，领导东北民众进行了一系列的反日斗争。1937 年 4 月，阎宝航等在上海成立了“东北抗日救亡总会”，被推选为常务委员。同年 9 月，经周恩来、刘澜波介绍加入中国共产党，受周恩来的直接领导。他以善交友朋的良好人际关系，周旋于国民党政府的党、政、军、情要员和各国驻华官员之间，先后获取了有关德国闪击苏联、日本突袭珍珠港美军基地和日本关东军在中国东北设防部署等三大国际战略情报，不仅为中国人民的抗日战争，而且为世界人民反法西斯战争的胜利作出了巨大的贡献，阎宝航也因此成为中共情报战线最出色的国际战略情报专家。1968 年 5 月 22 日，阎宝航去世。1978 年 1 月 5 日，阎宝航的骨灰安放在北京八宝山革命公墓。1995 年，世界反法西斯战争胜利 50 周年，俄罗斯总统叶利钦签署命令，把俄罗斯三枚卫国战争纪念章授予阎宝航和他领导下的情报人员阎明诗、李正文。

“阎家老店”

全面抗战爆发后，我们一家从南京逃难到了重庆。大哥、二哥、大姐、二姐先后去了延安，我和弟弟明复留在父亲母亲身边，所以我和他们的感情特别亲近。

抗战时期，很多东北人流亡到重庆，其中不少人衣食无着、没有住处，我们在重庆村 17 号的家，就成了一个临时收容所。

我记得家里经常住得满满的，一楼、三楼都住满了人，吃饭都是两三桌。特别是 1939 年 5 月，重庆经历了几次大轰炸后，许多流亡到重庆的东北人的家被炸毁了，来的人也就更多。屋里住不下，就在院子里搭棚子。

1942 年，为了支撑这个家不断增加的开销，父亲开始到公司做兼职，但即便如此，也经常捉襟见肘。有时钱不够用，母亲还到街上摆摊变卖衣物一类的，换了钱赶快到粮店去买平价米。有时星期天我也陪母亲去摆摊。母亲是东北妇女，即便在炎热的重庆，她也坚持每年都做大酱，渍酸菜，还买了一盘石磨自己磨豆腐来改善生活。我们吃什么，客人就吃什么。那段时期日子过得很紧张，但母亲从来没有怨言。

早在南京的时候，周恩来就开始把阎家尊称为“阎家老店”，褒奖阎家的仗义疏财。父亲的一位老友曾这样评论：“那时男男女女诸色人等，各路英雄好汉，没饭吃的落魄豪杰，流浪街头的志士，全到阎家吃一碗饭，喝一口水。老阎是万家生佛。”于是也有人称父亲为“阎老佛”，“阎家老店”的名声也越来越响。

有一天傍晚，有人敲门。弟弟开门一看，是一个陌生的东北青年，穿着一身破烂的打补丁的军服，明复赶紧把母亲喊过来。来的青年告诉母亲，他叫周茂林，跟日本人打仗时因为日军施放毒气，他几乎失明。逃到重庆后，饥寒交迫，后来有人告诉他这里住着一位“阎善人”，他就找上门来。说着说着，扑通一声跪了下来。母亲赶紧把他扶起来，让他洗澡换衣服住下。周茂林原来是吉林农村的孩子，除了种地什么都不会，眼睛又不好，母亲留下他让他做厨师。开始他煮的饭都是生的，菜也烧不熟，后来才慢慢学会，母亲还帮着他找了位四川的媳妇。抗战胜利后，周茂林回了东北，父亲后来还去看望过他。

类似的故事在“阎家老店”有很多很多。几十年后，父亲当年手下一位普通员工的女儿告诉我，她七个月时得了急性肠胃炎，她父母走投无路，最终找到我们家。母亲把自己手上唯一的一枚金戒指摘下，让他们当掉，换了三针珍贵的盘尼西林（青霉素），救了她一命。

“阎家老店”能支撑下来，与母亲的关系非常大。母亲和父亲是青梅竹马，她是同村高家的二姑娘，年轻时唱山歌很有名。父亲与她结婚后的第一件事情，就是带她到河边，把她的裹脚布给丢掉，所以母亲是“解放脚”。

母亲因为家里贫穷，没念过书。父亲每天早上总是去厨房教母亲识字，还给她起了名字，叫高素桐，后来又改为高素。父亲到了青年会工作以后，母亲对城市很生疏，自己又不识字，本不愿意进城。父亲于是让我舅舅动员她，舅舅说：“你再不去，你的位置就让别人占了！”她这才勉强到了沈阳。母亲对父亲有一种近乎崇拜的情结，凡是父亲做的事情，她都鼎力支持。父亲那时每个月都要把一半的工资拿去办“贫儿学校”。进城后，母亲把我的爷爷、奶奶和姑姑都接了过来，一大家子的生活非常不容易，但母亲从不抱怨一句。

母亲很要强，一直努力提高自己。在沈阳时，她每天晚上去平民识字班学习。大姐回忆，母亲上课时，由她带着我大哥和二姐。夜校设在一个大庙里，乌鸦到处飞。奶奶对姐姐说：“你妈妈不容易，非常坚强，你要多帮帮你妈妈。”靠着这股劲，母亲从一个字不识，到了后来达到小学毕业的水平。父亲到国外留学后，母亲在国内自学英语，她在家用器具上都贴上了英文。

母亲经常跟着父亲去参加一些活动，她落落大方，举止非常得体。有一次，南京各界人士拜谒中山陵，母亲与宋美龄一起去南京中山陵祭拜，突然母亲的一只高跟鞋鞋跟断了。母亲镇定地弯身把鞋跟拾起来，照常走路，竟然没被发现。事后，父母常引为笑谈。

那段时间父亲仍活跃在国民党政府高层里。在重庆期间，父亲除了任国民政府军委会政治部战地党政设计委员外，还曾任国民政府中央赈济委员会顾问、重庆市动员委员会设计委员、陪都劝募公债运动主任干事、重庆市空袭救护委员会抚济组组长等职。1941 年 6 月 5 日，日军对重庆进行夜间空袭，造成数千人在防空隧道里窒息而死的大惨案。时值盛夏，臭气逼人。负责善后的父亲在现场指挥运尸，一连几昼夜不曾合眼，最后竟昏倒在泥水中。

但很少人知道，父亲此时的身份已经发生了巨大改变：他已秘密加入了中国共产党。

早年的基督教青年会也是各种思潮交汇碰撞之地，这里也是共产党在东北活动的一个重要据点，父亲也得以结识不少早期的共产主义者。中共最早在东北建党的书记就是在基督教青年会活动的，他当时就住在青年会里，在总干事的大保护伞下活动。那时他们从广东运来很多介绍共产主义以及列宁、苏共的书籍，就放在青年会里，父亲有时听他们讲有关共产主义的理论，对此有了朦朦胧胧的认识。1927 年，他曾向他的好朋友——中共党员苏子元提出入党要求，结果因为苏子元去了苏联学习而不了了之。

父亲一生的政治选择，与周恩来的关系很大。1937 年元旦，父亲在西安与一些东北军、西北军将领们商讨如何营救少帅的问题时，第一次见到周恩来。周恩来的谈吐和修养给了他深刻印象，父亲还诚恳地对周恩来说：“我们东北人在政治斗争上缺乏经验。”全面抗战爆发后，国共开始合作，父亲与周恩来在南京的接触越来越多。1937 年 9 月，父亲由周恩来、刘澜波介绍加入了中国共产党。

几十年后，刘澜波叔叔告诉我们，当时中国共产党是共产国际的支部，所有重大的事情都得报告。发展吸收父亲入党是一件大事，所以延安向共产国际报告此事。共产国际方面答复说：阎宝航是国民党上层反动分子，不同意吸收入党。当时党内也有人议论，认为父亲社会关系复杂，不可靠。周恩来则回答：“你关系不复杂，但是阎宝航能做的事，你做得到吗？”

入党后，父亲对母亲和孩子们都保守秘密。他的真正身份，只有中共南方

局的领导核心周恩来、董必武、叶剑英与李克农知道。不过，父亲也公开地与左翼人士来往密切。陶行知、范长江、李公朴夫人、杜重远夫人等，都曾住在我们家，所以国民党内部对他身份的猜疑也从来没有停止过。有一天，重庆卫戍司令刘峙曾很意外地邀请父亲到他的司令部见面，父亲身后还站着两个荷枪实弹的士兵。刘峙单刀直入问父亲："我是个军人，说话比较直接，你膝下六个孩子，四个都到延安去了，你是不是共产党？"父亲反问一句："你看我像不像共产党？"父亲接着又说，"孩子长大了，去不去是他们自己决定的，我也不能够拿脚镣、手铐把他们铐上，不让他们自由行动，再说他们也是去参加抗日的。"

我们后来在重庆档案馆里发现了很多国民党时期的文件，其中一份赫然写着"阎宝航"的名字，上面有军统特务写的父亲活动记录。这证明军统已经注意到了父亲，但他们却没有找到任何证据能证明父亲是中共党员，最终也没敢对他动手。张学良曾经跟我和弟弟说："你爸爸和我的命都是蒋夫人保的，有人检举你爸爸，蒋夫人说阎宝航是虔诚的基督教徒，他怎么会是坏人呢？你们不能动他！"

秘密战线

父亲生前很少和我们谈及他的工作，所以我们对他做过的事情也并不了解。很多事情也是在他去世后的很多年后才慢慢浮现出来的。为了了解父亲的过去，2000 年，我们委托一个朋友查了他的档案，发现父亲在 1965 年曾应中共中央组织部的约请，写了一篇《谈地下党工作的经验》的材料。

父亲回忆，1941 年春天，周恩来找他谈话，说共产国际、苏共希望中共能介绍中共党员帮助他们搜集情报。周恩来同董必武、李克农、叶剑英研究后，认为我父亲最适合这项工作。苏联大使馆武官罗申向父亲交代了任务范围、具体要求和商定一切技术问题。罗申要求父亲设置电台，以建立直接联系，收集包括蒋介石本人及国民党的一切军事、政治、外交的动态以及经济、文化各方面的情况。

1941 年的某一天，分别三四年的大姐明诗突然从延安回来了，是周恩来亲自把她送到家。当时对外说的理由是，大姐得了肺结核，要她回重庆治疗。大姐回到重庆后，每周要去北碚两次，有时候和父亲一块儿去。父亲给我买了小白鞋、白衣服，打着小洋伞，把我和弟弟打扮得漂漂亮亮的，全家出动坐在轮船的船头，一看便是一个非常有钱有势的上层家族出去旅行，所以沿途也没有遇到任何检查。到了北碚，父亲和姐姐他们到院里忙，我们这些孩子们就在一个院子前面的石板地上玩跳房子或跳绳，玩到黄昏。

我们后来才知道，大姐是被派回重庆帮助父亲工作的。当时董必武交给父亲一部电台，设在北碚，电台的译电员就是大姐明诗。她手里经常拿一本《圣经》，其实是个密码本，父亲交给大姐的情报，由大姐译成密码，用药水写在手帕上，通过交通员送到北碚的秘密电台。而这个秘密交通员是母亲的侄子高维升，我们喊他高大哥，大姐和高大哥往来于重庆、北碚之间，一直没被发现。

父亲从来没有讲过他在做情报工作过程中面临的巨大风险，在回忆里，他也只是淡淡地写了一句："我接受了这个任务，做了种种准备。必须千方百计完成任务，必要时准备牺牲，并且要严格遵守秘密工作的纪律。"其实，他也有过一次特别危险的经历。1942 年夏天，当时在国民党官方出版社——正中书局管理处任处长的徐仲航被捕。徐仲航是地下党员，他不仅知道父亲的真实身份，他本人又是另一个地下情报组的负责人，其成员之一沈安娜一直打进到国民政府军事委员会的机要部门任机要速记，得以参加国民党的高级军政会议，她所接触到的机密可想而知，而且她得到的情报都转报周恩来。所以徐仲航被捕后，沈安娜也非常紧张，不过沈安娜多次见过父亲，但他们并不知道彼此的真实身份。

徐仲航被关在渣滓洞里，他是否会叛变，还是个未知数。父亲平常回来都会跟我们打打招呼，问一下学习情况。但那一段时间，他回家时都是心事重重的样子，脸色也很阴沉。父亲处于巨大的危险中，按理说，应该立即撤离重庆，但这样一来，自己领导下的情报小组将不复存在。有一天夜里，周恩来带着机要秘书王梓木到我家里，和父亲商量对策。父亲了解徐叔叔，坚信徐叔叔不会将他出卖，于是商定进一步了解徐仲航在监狱里的表现。

我记得那段时间，母亲和大姐连夜做棉衣和棉被，托人给徐叔叔送去。我也很着急，但从小就被训练出来，也不多问什么。父亲通过各种渠道了解徐叔叔在狱里的表现，确认他没有叛变。另一方面，他找到在国民党内德高望重的李济深说："徐仲航是跟我多年抗日的老乡，他怎么会是坏人呢？"李济深于是亲自拨通了军统局局长戴笠的电话。这样徐叔叔走出了吃人的渣滓洞。

徐叔叔被保出来接到我们家。那时候他遍体鳞伤，特务用竹签子把他肋条骨之间的肉皮都割掉了，打得不成人样，但是他一句话没说，保全了组织。事后徐叔叔说，收到阎大哥送来的大嫂为他赶做的御寒衣物，知道阎大哥和组织上一定会设法营救他，更加坚定了他的信心。

战略情报

按照周恩来的布置，我父亲主要侧重于战略情报的收集。在此方面，他最大的贡献，便是及时得到德国进攻苏联的情报。

1941 年 5 月初的一天，父亲参加以国民党高级官员为主的一个小型宴会，父亲感觉到气氛非常高昂，大家兴高采烈，互相敬酒。父亲见到于右任，问他大家为什么这么高兴。于右任趴在他耳边，悄悄告诉他说："德国马上就要进攻苏联了，大概是在 6 月 20 日前后一个星期。"

1941 年前后，国际局势出现了一些变化。当时希特勒已制订了进攻苏联的计划，为了使日本能从中国战场上腾出手来北攻苏联，便拉拢国民党集团脱离美、英、苏的影响圈，因此德国方面将此计划明确地告诉国民党驻德武官桂永清。接到桂永清的密报后，国民党方面认为"日本有可能北上进攻苏联远东地区，中共军队也会在苏联要求下，向华北转移去牵制日军，这样国民党军队可趁此机会控制黄河以南的日占区，可以腾出手来打共产党"。所以他们对这个消息的反应很振奋。

父亲后来回忆说，他听到这个消息

时，心跳都加速了。为了确认，他还是装着漠不关心的样子，不动声色地向孙科打听，孙科回答说："是委员长亲自告诉我的。"于是，父亲借故提前退出了酒会，正好工作组的交通员李正文在我们家，他让李正文将情报传递出去。

当时共产国际远东情报局在延安有一个联络小组，他们也是苏联红军总参谋部的情报人员。负责翻译这份情报的人叫刘毅夫，他后来回忆，拿到这份情报后，毛泽东、朱德、任弼时、康生等几位重要领导都轮流看。然后由康生在电报上批示，将此情报"告友人"——也就是苏联方面。

1941 年 6 月 22 日，德军果然向苏联发起进攻。关于这一段，苏联元帅朱可夫后来是这样回忆的："6 月 21 日，斯大林从一个德军投诚人员口中得到确切消息，德军将于 22 日凌晨向苏联发动进攻，这使来自中国的情报进一步得到证实。""来自中国的情报"，指的显然就是来自父亲的情报。由于及时接到命令，在开战前的最后时刻，各军区司令员和他们的参谋长都坚守在各自的指挥所内。后来的一切证明，正是这短暂的备战时间，使苏联免遭灭顶之灾。父亲回忆，此后不久，罗申告诉他："你的情报第一，斯大林同志知道你。"

6 月 30 日，苏方致电中共中央，感谢中共中央提供希特勒进攻苏联的情报。这份电报写的是："由于你们提供了准确的情报，我们得以在德军进攻前宣布苏军进入紧急状态。"可惜的是，收报原件在 1947 年春天胡宗南部队进攻延安前夕，为坚壁清野而被销毁了。

在战略情报上面，父亲的第二个贡献是拿到日本驻东北关东军的全部机密材料。

1944 年，陈诚交给父亲一个任务，要他了解日本是否会进攻苏联，这正好给了父亲一个了解情报的"尚方宝剑"。国民党军委第三厅副厅长钮先铭是父亲老朋友宁恩承的内弟，而军委第三厅主管作战系统，当时国民党各个部门侦察得到的日军情报，都汇总到三厅。于是父亲以陈诚的命令为借口，向钮先铭要求看有关日本关东军在东北的材料。钮先铭很痛快地给了父亲，但要求他三天之内必须交还。

这份材料包括日本关东军在东北的部署、设防计划、要塞地址、兵种武器、番号人数、将领姓名等等全部机密，信息十分详尽。父亲拿到后，立即汇报给中共驻重庆代表团，周恩来看到后立即命令中共驻重庆的南方局拍照送往延安，中共综合各方情报后，迅速通报苏联。

1945 年 8 月 9 日，当苏联红军向日本关东军打响第一枪的时候，红军各级指挥员手中都掌握着整个关东军的详尽情报：包括所有部队的分布，秘密要塞的位置，军事交通的地图，武器装备和给养的清单，甚至还有日军所有连级以上指挥官的花名册。曾经不可一世的日本关东军在短短一周之内便大部被歼。由于拥有情报上的绝对优势，苏联红军在随后接收东北的行动中同样占尽先机。

当年在雅尔塔会议上，斯大林曾经对一百万关东军心存忌惮，所以后来也有人认为，这条情报对结束"二战"的进程也有不小的影响。我相信随着历史研究的深入，父亲及其情报的历史价值也一定会被重新评估。现在想起来颇为遗憾的是，中华人民共和国成立后很长一段时间，父亲的这段经历无人过问，他本人也很少提及，所以留下了不少令人遗憾的空白。

1995年，弟弟明复曾到莫斯科的俄罗斯档案馆查阅资料。在一堆有关中国的档案中，他看到了有关日本军队在伪满洲国布防的军事情报。他立即填写清单调阅。不过这里保存的是一份照相文件版本，在硬纸壳封面上，写的就是关于日本关东军在东北部署的情报。他认真地做了记录带回国内，经过有关方面认真审核后确认，这就是中共中央当年向苏联提供的日本关东军在东北的布防情报。

1995年5月9日，俄罗斯举行盛大仪式纪念卫国战争胜利50周年，应邀赴俄的中国代表团带去了一份特殊礼物，这就是父亲当年向苏联提供日本关东军布防绝密情报的复制件。在那次仪式上，罗高寿大使说，阎宝航同志1941年6月16日提前向苏联提供了关于德军进攻苏联日期的准确情报，在二次大战最后阶段，在苏军对日作战前，提前向苏联提供了日本关东军在东北的详细军事部署资料。这两件事将载入世界人民反法西斯战争的史册。

值得一提的是十年后，也就是2005年，当一个电视摄制组专程到莫斯科采访已离任的罗高寿大使时，谈及此事，罗高寿还说：“阎宝航的功绩可以同苏联著名的情报人员佐尔格相媲美。我认为，政论家、历史学家对阎宝航写得太少。阎宝航的功绩是俄罗斯人民的宝贵财富，也是中国人民的宝贵财富。”

当年跟父亲一起战斗在秘密战线的

阎宝航夫妇与女儿闫明光（右一）、女婿黄宇齐（左一）及外孙孙安民合影

东北民众抗日救国会成员（后排左一为阎宝航）

几位战友，后来命运也各不相同：中华人民共和国成立后，徐仲航在北京经济学院任教，沈安娜与丈夫华明之一直在国家安全部门工作。帮助传递情报的秘密交通员高维升大哥曾在外交部任职，1951 年辞职回海城老家务农。当年亲手将情报送到苏联大使馆的秘密交通员李正文，后来担任教育部高等教育司副司长。他有幸在 1995 年，于驻华使馆内亲自接受了属于自己的纪念勋章。

（本文选自《三联生活周刊》）

女儿眼里的张自忠将军

文 / 张廉云

张自忠

张自忠（1891—1940 年），山东临清人。1914 年投笔从戎，先后在国民革命军中任师长、军长、军团长，集团军总司令兼第五战区右翼兵团司令，上将军衔。先后参加台儿庄战役、武汉保卫战等多次重大战役，功勋卓著。1940 年 5 月 16 日，在抗击日军的战斗中壮烈殉国，时年四十九岁。他是二战期间世界反法西斯阵营五十多个国家中，牺牲于前线的最高级别将领。

听母亲讲，父亲从小是个很有抱负的人。父亲小时候家境比较好，七岁就进了私塾。二十岁时，考入天津法政学堂，第二年转入济南法政专门学校，专攻法学。上学时，父亲看到列强在中国任意横行，到处民不聊生的情景，经常对同学说：“国家、民族到了今天这样的地步，我们还守着案头死读书，咬文嚼字地准备做刀笔吏，实在让人于心不甘！”他决心投笔从戎，到军队去轰轰烈烈地干一场。

1914年暑假期间，父亲不顾家人的反对，与五位同学一起去参军。部队的长官得知他们都是富家子弟，怕他们受不了苦，劝他们回去继续求学。父亲说啥也不干，长官只好同意他们留下来。没多久，父亲的五位同学因受不了部队的艰苦生活而要求离队。长官对父亲说："你也跟他们一起回去吧，免得以后走时连个伴也没有。"但父亲坚决不肯。

当时，国家很乱，父亲不得不经常打仗。由于在战斗中表现得非常勇敢，父亲进步得很快。1928年2月，我的祖母在山东病逝，家里人怕他悲痛过度，一直瞒着他。几个月后，父亲从朋友那里得知这一噩耗，请求奔丧。当时战事正紧，上级没有批准。过了几个月，父亲看到时局较为平静，又要请假回家，上级还是没有批准。父亲再也忍不住了，跑到上级跟前痛哭着说："我在军队里干了这么多年，没有对母亲尽一天的孝。母亲去世了，我若不到坟上去拜一拜，还算什么人？！"父亲的孝心得到了上级的同情，终于准他七天假。

张自忠将军之女张廉云

父亲对子女要求相当严格，我从小就被送进了幼稚园，两个哥哥则被送进部队子弟学校读书。他们穿灰军装，戴八角帽，过着准军事化的生活。因为我是最小的女儿，所以深得父亲喜爱。那时父亲工作很忙，回家也没有个定时，但他每次回家见到我，都要抱着我亲个不停。母亲开玩笑地说他是"重女轻男"。

二哥的突然去世，让父亲产生了许多变化。一次，父亲正在庐山受训，二哥突然患了伤寒。当时医疗条件差，我们一家人又在北平、天津两地来回折腾，生活不安定，二哥只好在家中治疗，结果延误了诊治时机。二哥走时还不满十七岁。父亲闻讯后赶回家里，他抱着二哥用过的东西失声痛哭，泪流满面。丧子之痛从此烙进了父亲的心底，他常常自责没有照顾好我们。经过这事之后，一向沉默寡言的父亲变得更加深沉，但他一有空就陪着我们，还关心地询问我们的功课。

1937年7月7日，日军向驻守在卢沟桥的中国守军发动进攻，七七事变爆发了。当时兼任天津市市长的父亲得知消息后，急忙驱车赶赴北平。父亲到达北平后，接到命令与日军谈判，争取和平解决事变。面对日军的大举进攻，中国守军经过顽强抵抗后因力量悬殊被迫撤退，父亲受命留下来与日军继续谈判。由于日军侵略中国蓄谋已久，父亲与日本人的谈判自然不会有什么结果，反而使自己处于危险境地。更令父亲伤心的是，许多人对父亲产生了误会，骂他是“汉奸”。九一八事变日军侵占东北后，父亲就教育官兵准备随时对日进行战斗，组织部队进行演习时，也是把日军当成假想敌。1933年，日军进犯长城时，父亲指挥部队进行了著名的喜峰口抗战。此时被国人骂为“汉奸”，父亲心里该有多难过啊。

9月初，父亲在美国朋友福开森的帮助下，化装逃出北平来到天津。记得父亲回到在法租界的家中时，又瘦又黑，十分憔悴，两眼红红的，仿佛很长时间没有睡过觉。当时，母亲身体不好，常常卧床不起。父亲和母亲说了会儿话，又向我们交代了一些家里的事，就走了。没想到，从此后我们再也没能见到父亲。后来，我听自明叔叔说，父亲曾向他交代，以后家里的事情，同母亲商量着办就是了，不要问他。我想，当时父亲已经下定决心，要用牺牲报国来洗刷自己的冤屈。

南京政府虽然知道父亲的冤屈，但鉴于舆论的压力，给父亲撤职查办的处分。一个月后，又任命他为军政部中将。父亲的老部下得知情况后，坚决要求父亲回部队指挥他们作战。父亲治军很严，每次作战时，他都能身先士卒，而且非常关心官兵疾苦。据说，有一次父亲巡视部队时，看到一名新战士两眼红红的，像是刚哭过的样子，便问他是怎么回事。这名战士说，他家欠租还不起，唯一的亲人被地主活活打死。

听到这件事后，父亲当即给了这位新兵三块大洋，又让副官给当地政府写信要求严惩凶手。事后，他又将这位新兵调到自己身边的警卫营，时常给予关怀照顾。在那个年代里，父亲作为一名高级将领，能够做到这些是很少见的。正因为这样，父亲在官兵中拥有很高的威信。

1937年12月初，父亲回到老部队后，受到官兵们的热烈欢迎。在欢迎会上，父亲高声说：“我们没有为国家为民族殉职，这是我们的耻辱。现在敌人气焰嚣张，正是我们戴罪立功的时候。我们只有下定死战的决心，与敌人一拼到底，才能求得国人的谅解，也才能对得起自己的良心。”

父亲走上抗日战场后，从不计较个人得失，一心一意为民族解放而拼搏。

1938年3月，日军集中重兵进攻台儿庄，在临沂与庞炳勋率领的第三军团发生激战，庞炳勋部队伤亡惨重，指挥部命令父亲率部增援。父亲与庞炳勋原本都是西北军的将领，后来矛盾很深。父亲以民族大义为重，接到命令后立即指挥部队赶往临沂，出其不意对敌发起攻击，突破敌人防线。退守临沂城内的庞炳勋部队倍受鼓舞，士气大振，开城出击，日军受到前后夹击，一夜之间被歼灭两千余人。随后，父亲又率领部队与日军多次进行激战，为取得台儿庄大捷立下了汗马功劳。父亲尽心作战、顾全大局，也因此受到大家的赞扬。

这年5月，徐州会战结束后，父亲给自明叔叔写了自天津别后的第一封信。信中写道：“方今寇益深矣，国益危矣，吾辈军人责亦重矣。吾一日不死，必尽吾一日杀敌之责；敌一日不去，吾必以忠贞至死而止。”正因有这样坚定的信念，父亲作战极为顽强，屡次率领部队重创日军，日军对父亲又恨又怕，而官兵则对父亲更加敬重，称他为“活

张自忠烈士纪念馆

关公”。

1940年5月，日军调集十五万精锐部队发起了攻占枣阳、襄阳、宜昌等地的枣宜会战。看到日军突破我军第一道防线，本来率领部队防守襄河以西的父亲，毅然率领部分官兵东渡襄河抗击敌人。渡河后，父亲率领部队重创日军，并截断了日军后方补给线。随后，日军以重兵对父亲所部进行合围。为牵制日军主力，争取外线我军对日军实施反包围，父亲力战不退，最后身中七弹，不幸牺牲。

父亲壮烈殉国后，重庆成千上万的群众哭拜英灵，为他送葬。延安各界一千余人隆重举行追悼大会，毛主席亲笔为父亲题写“尽忠报国”的挽联。

父亲牺牲那年，我还不满十七岁。但父亲那为民族而战的精神时刻激励着我，让我永生难忘！我为有这样的父亲而骄傲。

（本文选自《解放军报》）

怀念我的父亲“山西娃娃”

文 / 王兰英

斯诺在延安为“山西娃娃”拍下了这张珍贵的照片

美国著名记者埃德加·斯诺的一部《西行漫记》，为世界打开了一扇了解中国的窗口。读过这部著作的人，一定记得文中那个机灵可爱的红军小战士，他就是当时很有名气的“山西娃娃”。

书中这样描写：“他是一个圆滚滚的胖孩子，长着一副娃娃脸，只有十二岁，但他已经能够自己照顾自己。我问他为什么要当红军，他回答，‘红军是为穷人打仗，是抗日的，谁不想当一名红军战士？’”

这个红军小战士就是当时非常有名气的“山西娃娃”。“山西娃娃”到底是谁？这个问号整整悬挂了半个世纪。党和人民没有忘记他，并且一直在寻找，这个人就是我的父亲王东平。当时，我

王东平

们做儿女的也只知道他是一位老红军，却不知他就是人们要找的“山西娃娃”。

1925 年春天，我的父亲出生在洪洞北官庄一个贫苦农民的家庭。三岁时，他母亲因病去世，父亲含辛茹苦拉扯他长大。不幸的是十岁那年，他父亲也去世了。他含着眼泪借了老财主五十块大洋，同乡亲们埋了父亲，就去牛奶厂当学徒。三个月后五十块大洋利滚利变成了一百块。

1936 年春，红军从陕北东征抗日，跨过黄河，打到洪洞，牛奶厂的老板被吓跑了，父亲与两个伙伴逃出来跑回村里，这时村里已经住上了红军，他从表哥张吉祥那里得知红军是为穷人打天下的。一次，红军要找一名向导，去南关村打土豪，他便给红军带路。回来后，王连长给他一块银圆，这相当于四个月的工钱啊！他双手捧着闪闪发光的银圆，流着眼泪，一心想跟红军走。红军开拔时，他坚决要求跟着，王连长说：“你个子太小，扛不动枪，长大了再走吧。”他哭着说：“我个子小，可我能干活儿，什么苦都能吃，请你们收下我，我要跟着你们打土豪，打日本鬼子。”王连长被感动了，把他留在了通信班，当了通信员，当时他不满十二岁。

到了延安，父亲的小名叫月娃子，后来在给罗瑞卿当警卫员期间，首长给他起名王越。后来在洪洞从事地下工作时改名王正仁，中华人民共和国成立后，改名王东平。

红军东征回师陕北后，父亲给罗瑞卿和何长工两位首长当了警卫员。那时，中央内卫班里就多了一个操着浓重的山西洪洞口音的娃娃，跑前跑后，大家都称他为“山西娃娃”。

1936 年 6 月，美国记者斯诺来陕甘宁边区采访，党中央决定让这个勤快的山西娃娃照料斯诺的生活起居。他同伙伴们跑前跑后，为斯诺抬床板，听说斯诺是个高个子，两块板不行，结果他们用了三块板才给斯诺拼了一张大床，斯诺看了很高兴。中央领导周恩来很重视这件事，亲自来告诉他们：“小鬼，斯诺先生是我们的好朋友，一定要好好招待，热情诚恳，要守纪律，不要拿人家的东西。”此后，斯诺对这个朴实机灵的少年很满意，也同别人一样叫他“山西娃娃”。

四个月后，斯诺临走时，说是要给他们照相，父亲听了非常高兴，咔嚓一声，镜头一闪，留下了珍贵的瞬间。

父亲1937年入团，1938年入党，从抗日军政大学毕业后，分配到一二九师，当了警卫连连长，那时他才十七岁。此后，父亲参加了很多大大小小的战役、战斗。父亲戎马一生，为新中国的解放作出了贡献。

1999年10月1日，在病榻上已躺了两个月的父亲，勉强支撑起虚弱的身体，在电视机旁看完了中华人民共和国成立50周年国庆大典。屏幕前的他，目光是那么明亮，那么有神。

1999年10月15日8时，父亲因病永远离开了我们，但他的精神却永远激励着我们。

（本文选自山西新闻网）

永不消逝的记忆

文 / 马洪中

马白山将军

十七年前的盛夏之夜，父亲马白山撒手人寰。而后无论是生日纪念，忌日缅怀，还是普通平常的日子，父亲的音容笑貌常常都会浮现在我眼前，父亲的谆谆教诲也时时铭刻在我心中。父亲没有离去，他永远活在我的记忆里。

我记得，20世纪80年代，我从北京回到海口家中，常常见到父亲白天在案前奋笔，夜晚在灯下疾书，不分昼夜地赶写回忆录。捧读一页页手稿，满篇尽是抒写冯白驹和他的战友们艰苦卓绝，坚持二十三年红旗不倒的战斗历程，满篇都是琼崖党和人民的丰功伟绩。父亲很少写自己，只说："我是当时琼崖学运的参与者之一。"在波澜壮阔的学生运动中，父亲写自己的仅有寥寥两笔，一次是和琼海中学党支部书记李兴佑一起印刷传单；另一次是任学生队长，准备带队攻打敌警备司令部。这都是入党后的事情。

父亲是在1927年9月革命低潮时入党的，那时父亲只有二十岁。那年4月12日，国民党叛变革命，在上海制造四一二事变，疯狂屠杀共产党员和革命群众。琼崖国民党也积极响应，并在4月22日举起屠刀，砍向了共产党员和进步学生，腥风血雨笼罩琼崖大地。父亲目睹身边的共产党员和进步学生惨遭荼毒，悲痛万分，愤恨不已，毅然加入中国共产党，誓将革命进行到底。父亲二十岁的壮丽青春，与党的革命事业融为一体，迸发出灿烂光辉。后来，率部进攻敌警备司令部并起义的计划因故取消，父亲遵照党组织的指示，转入农村加强武装斗争，开始了浴血奋战的戎马生涯。

父亲的回忆录记载了琼崖纵队的创建到海南解放的伟大进程，字里行间折射着父亲和广大海南军民艰苦奋斗的身影。父亲经历的大大小小战斗不胜枚举，但围攻那大消灭日军战斗，还有协同大军渡海登陆解放海南岛战役，还是令人难忘的。

1939年2月，侵华日军登陆海南，琼岛血雨腥风，哀鸿遍野。日军占领儋州那大后，肆意烧杀抢掠，荼毒民众，无恶不作。父亲受命以独立总队三大队为主力，把抗日热情高涨的当地武装与有火药枪的民众组织起来，组成四千多人的优势阵容。父亲指挥部队和民众，包围那大，切断交通，封锁消息，部署主力伏击敌人，围点打援。围城大军夜间在那大四周鸣枪吹号，开展政治攻势阵前喊话，还组织突击队潜入城中袭扰敌人。敌人供给被断绝，没吃没喝，疲惫不堪，惶惶不可终日。最后还是弃城保命，仓皇逃窜。数千军民乘胜攻击，冲进那大，来不及逃跑的敌军纷纷缴械投降。逃窜之敌也没那么轻松，被我伏击部队打得溃不成军，丢盔弃甲落荒败逃。这一仗打出人民战争的威力，也彰显父亲非同凡响的军事谋略。

1950年3月26日晚7时许，父亲请缨协助四十军一一八师政治部主任刘振华，率领一个加强团近三千人，分乘八十多艘帆船，从雷州半岛灯楼角起航，强渡琼州海峡。深夜11时，船驶入海峡中流，天公不作美，突然风平浪静，极度影响船速。至次日清晨6时，船队才行驶到澄迈县玉包港，离预定临高角起码还有三四个小时的路程。父亲考虑到要是白天遭遇敌机敌舰纠缠，我军作战不占优势。要是就近登陆，澄迈地区我方有良好的群众基础，熟悉地形民情，打陆战比打海战胜算更大，遂建议大军就近强行登陆。刘振华主任采纳了父亲的建议，一声令下，我渡海部队在黎明茫茫的雾霭掩护下，迅速发起攻击，抢占滩头阵地，开辟巩固登陆场，继而全歼守敌，在当地我军民接应下，圆满完成登陆任务。这一仗以变制变，巧妙运用天时地利人和，显示出父亲灵活高超的指挥才干。

我记得，20世纪70年代，父亲数次进京的所作所为带给我许多感动。1973年7月，父亲进京参加冯白驹伯伯的追悼会。冯白驹伯伯是父亲多年的战友和领导，是海南人民的杰出代表，被周总理誉为“琼崖人民的一面旗帜”。1957年，他蒙受不白之冤，又在“文化大革命”中遭到迫害，被秘密关押三年多，被折磨得奄奄一息。幸得党中央察觉及时，通知解除审查，就地住院治疗。1972年5月，党中央决定用公务专车送冯白驹伯伯到北京继续治疗。

因冯伯伯的子女都不在身边，只有曾惠予阿姨陪伴。父亲交代当时在北京工作的我，要经常去看望冯伯伯，尽最大能力给予生活方面照顾，有任何情况立即报告。于是我几乎每天下班后都赶到日坛医院，还带一些日用品和冯伯伯喜好的食品，一些冯伯伯想看的书，如范文澜的《中国通史简章》等，同时转

达父亲的思念与问候。半年后，冯伯伯返回杭州休息。1973年7月19日，冯伯伯因身体长期遭受摧残，抵抗力下降，旧病复发，病情恶化，只好再次来京救治，医治无效不幸在北京逝世。

我获悉消息后立即打电话给父亲，父亲火速从海南赶赴北京，住在万寿路中组部招待所。起初，冯伯伯的悼词写得很简单，对冯伯伯缺乏应有的评价，对琼崖纵队坚持二十三年红旗不倒缺乏应有的评价，父亲对此很有意见。他联合了吴克之、符志行、李英敏、符振中、符荣鼎、陈求光等老同志，如实向上反映情况，坚决要求对冯伯伯予以正确、充分评价。父亲说，冯白驹同志是海南人民的一面旗帜，如果没有对他的正确评价，那么琼崖二十三年红旗不倒又从何谈起？他们推选符志行叔叔亲自面见周总理汇报。其实周总理在冯伯伯逝世后，早通知有关部门要迅速写好悼词，正确评价冯白驹。看了悼词初稿后，周总理很生气，决定由符志行亲自执笔重写悼词。在周总理的关注下，最后敲定的悼词排除了“四人帮”和某些别有用心的人干扰阻挠，给予冯白驹伯伯高度评价，父亲和战友们才松了口气。

父亲连续当选为全国人民代表大会第四届、第五届代表，每年到北京开两会，每次到北京都要拜访老战友。记得父亲最高兴最得意的战友聚会，是在1976年10月粉碎“四人帮”后的那次。粉碎“四人帮”后，北京市民为表达爽惬心情，流行以三公一母螃蟹佐酒。父亲和吴克之、李英敏叔叔一起，也按照当时最流行的方式喝酒尝蟹。由于父亲左手有战伤遗留的残疾，吃螃蟹不便扯蟹脚蟹钳，只好吃蟹体部分。大家觉得这种吃法太可惜，父亲微笑着解释：“别看螃蟹仗着八足横行霸道，你把它的心腹除掉了，它就无可奈何了。其他小爪牙就请你们帮忙收拾吧！”一席话引来满堂欢笑。

父亲每次来北京，都要拜访吴克之叔叔。父亲十分钦佩吴叔叔的军事才智和卓越功勋，常给我讲常胜将军吴叔叔的战斗故事。吴克之将军在近半个世纪的戎马生涯中，忠于党，忠于人民，忠于无产阶级革命事业。在琼崖的抗日战争和解放战争中，英勇善战，建立了赫赫战功。中华人民共和国成立后又对我军的教育训练和防化科研工作等都作出了重要贡献。他不愧为海南人民的优秀儿子，我党久经考验的忠诚战士，我军优秀的军事指挥员。父辈的深厚情谊温暖着我的心，留下不可磨灭的记忆。

我记得，在1964年，我考入中国人民解放军艺术学院，父亲亲自送我上北京。除了学习上生活上的嘱咐之外，还特意给我讲了电影《红色娘子军》的拍摄由来。父亲说，在世界战争历史上，全部由女兵组成的战斗连队是绝无仅有的，以冯白驹为首的中共琼崖特委在1931年5月组建的女子军特务连，创造了人间奇迹。1960年，为了表彰红色娘子军的功绩，毛泽东主席亲自授予曾任娘子军连连长的冯增敏一支半自动步枪。周恩来总理了解琼崖红军女子军特务连的英勇事迹后，赞扬“这是世界革命的典范，要拍电影”。于是谢晋导演，祝希娟、王心刚主演的，父亲任军事顾问的电影《红色娘子军》问世。父亲在我刚刚跨入艺术学院之际，讲述这件事的由来，自然寄托着他的希望，就是希望我在解放军艺术学院努力学习，早日以文艺的形式为人民服务，尽快成为一个真正的文艺战士。他还叮嘱我将来一定要以文艺的手段，从多个角度去展现琼崖革命斗争实践，去挖掘琼崖纵队指挥作战员可歌可泣的战斗故事。

我记得，在1950年，父亲进入南京的中国人民解放军军事学院高级速成系深造期间，不止一次带我和弟弟去拜谒中山陵，给我们讲孙中山先生的精彩故事；带着我和弟弟去参观梅园新村，介绍周总理的革命生涯。那时我才六岁，稚嫩的心灵中早早就耸立着这两位伟人的高大形象……

父亲永远是我们的光辉榜样，他有着忠于党，忠于革命，忠于社会主义事业的高尚品质，热爱海南，扎根海南，为海南建设发展鞠躬尽瘁死而后已的赤子情怀。他那淡泊名利、克己奉公、服务人民的高风亮节，值得我终身学习。父亲给我的教诲，三天三夜也说不完。可以告慰父亲的是，今日中国举世关注，今日海南日新月异。我虽然退休，但仍然在继承父亲的遗志，为海南的红色影视文化艺术发挥余热，为海南国际旅游岛建设添砖加瓦。

父亲的精神永存！

（本文选自《琼崖红色记忆》）

我的父亲刘森峻

文/刘　萍

刘森峻

我的父亲刘森峻是一名老红军。他十五岁参军，十六岁跟随党中央所在的中央红一方面军从江西瑞金出发，参加了二万五千里长征。他的一生曲折坎坷，极具传奇色彩。

1918年，父亲出生在革命老区江西兴国县的一个小山村，七岁时开始放牛、种田。家里很穷，因是独子，爷爷倾其所有供父亲念了四年私塾。十三岁那年，父亲毅然走上革命道路，先是参加了苏维埃儿童团，又加入共青团。1933年春，十五岁的父亲奉团之命，参加了中国工农红军，不久就入了党，一年后踏上漫漫的二万五千里长征路。

独自夜行送信

最初，父亲是在中央警卫团当通信员，随后转到中革军委总政治部当卫生员。父亲接受的第一个任务，也是他人生中第一次的冒险经历。

团部派他往某师部送一封重要信件，要在深夜翻一座山徒步走十几里路。一位战友告诉父亲山里有老虎，且自己曾经遇到过，好在老虎的眼睛是直视的，与它并未正面相遇才躲过了一劫。怀着忐忑不安的心情，父亲出发了。在漆黑的丛林中独自前行，听着不时传来各种奇怪的声音，父亲的心都提到嗓子眼儿了。黎明时，父亲到达了师部所在地，有惊无险地完成了任务。他说，其实一个人单枪匹马去做一件危险的事情，可能比上战场更需要勇气。

长征路上的红小鬼

提起艰苦卓绝的长征，父亲说红军可歌可泣的故事不胜枚举，他们以超常的意志力渡过了常人难以想象的生存危机。挖草根、吃树皮是常事，谁也不会想到在行军路上，后面的战士会去捡拾先头部队战士吃下但没有消化掉的青稞麦粒。很多战士顶不住风雪交加的严寒和饥饿，悲壮地倒下了。父亲倚仗较好的身体素质，裹着单薄的衣衫硬是挺了过来。有一次，为了赶上前面的部队，他不顾危险，穿着短裤坐在雪山坡上往下滑。父亲说，这不是想逞强，而是为了不让长裤弄湿，一旦湿了想风干都很难。中央红军从江西出发时是八万人，到达陕北时只剩下几千人，仅有十分之一的人活了下来。

骑马跳崖死里逃生

到延安后，组织上先后送父亲到抗日军政大学和红军卫生学校学习，他成为一名军医。经过实践，他熟练地掌握了包扎、救治及野战外科手术等技术。在抗日烽火中，父亲又转战陕北、内蒙古、山西等地的战场，经历了一次又一次枪林弹雨的洗礼。

1940年冬的一个早晨，日军“扫荡”雁北游击区。当时父亲所在的八路军警备六团的卫生队，有一百多名伤员分散住在右玉县西山一带老乡家里。在团教导队机枪的掩护下，卫生队及伤员向山里撤退，父亲和几位同志做善后工作。在大部分人员安全转移后，父亲他们被日军包围在半山腰，危急关头只有分头突围。在老乡的帮助下，父亲骑马冲出了包围圈，日军仍在追击，情急之下父亲骑马跳下了六米多深的山沟。后来被老乡救回时，他才感到一阵剧痛，裤腿已是血红一片，这才知道原来自己被敌人击中了右大腿。送回部队调养了数月后父亲又奔赴了前线。

从放牛娃到医院院长

解放战争时期，父亲所在的部队被整编到东北野战军，参加过著名的锦州战役和塔山阻击战。父亲回忆当时战斗的场景可谓惊心动魄，为了胜利，战士死伤无数，非常惨烈。

二十余年的战斗生涯，让父亲在人民军队这个大熔炉中不断历练成长，经受考验，他历任沈阳保安旅七团卫生队队长，解放军四十一军一二三师卫生部部长，总后勤部三〇三医院院长。父亲从一个放牛娃成长为一名久经疆场的革

解放战争时期的刘森峻

命军人。

支援宁夏建设

1958年，父亲响应党的号召，从部队转业支援宁夏建设。开始是在宁夏煤炭管理局工作，一年之后，自治区党委抽调父亲参与创建了宁夏第一所高等学府——宁夏医学院（现宁夏医科大学），担任院党委书记、副院长。1960年，医学院建院初期，正是我国最困难的时期，在白手起家、经费严重短缺的情况下，父亲亲自带领全院师生参加诸如挑土垫操场等建院活动。在这样困难的条件下，培养出了医学院第一批毕业生。

父亲在高校工作了近二十年，在校期间，父亲身为领导干部却从不搞特殊化。当时，我家住在文化街，离学校比较远，父亲先是骑一辆旧自行车，后来买了一辆小摩托，每天骑车上班。那时很多单位都给领导家里安装电话，而父亲却没让安，说不给国家增加负担。

1979年以后，父亲虽然离休了，仍不辞辛劳地发挥着余热。父亲经常走进学校，做“坚持党的优良传统”报告，讲红军长征的故事，勉励青少年不要忘记历史。

1987年底，父亲带着对世间无限的眷恋走完了他的人生。如今，尽管父亲离开我们已经有二十多年了，但是父亲的往事和身影仍不时浮现在我的脑海中。在庆祝中国共产党成立90周年的日子里，追寻父亲所走过的足迹，感到有着特殊的意义，因为他不仅是我的父亲，同时他也是党忠诚的儿子。

（本文选自宁夏新闻网，原标题“我的父亲是老红军”）

文武双全的抗联将领张镇华

文/杨秀丽　辛宪友　张万林

在东北抗联五军中，有一位名声显赫、深受人民群众拥护、战士爱戴、敌人闻之丧胆的文武双全将领，这就是三师师长张镇华同志。他的足迹踏遍了镜泊湖畔、牡丹江两岸；他的热血洒在了三江平原的黑土地上。虽已英勇就义七十余年了，但人民群众一直怀念着他，他的光辉事迹，他的英雄名字，与日月同辉，与天地共存！

张镇华同志，祖籍河南省开封通许县。早在清朝康熙年间，其祖父张启先，因老家连年遭灾荒，为了全家人的生存，被迫举家逃荒，来到了宁古塔（现在的黑龙江省宁安市），在东京城安家落户，从此以农为业，繁衍生息。张镇华父亲张峻林，母亲金氏，共生三子二女，他排老三，于1909年农历四月十八出生。

张镇华生来命苦，三岁丧母，四岁丧父，两位哥哥把他抚养成人。他自小聪明伶俐，很懂事，1916年七岁时到私学馆读书，十岁考入宁安官办小学。1922年十三岁时高小毕业，又以优异的成绩考入了宁安吉林省第四中学，一直念到1927年高中毕业。他在宁安吉林省立四中读书时，不但学习成绩突出，而且积极参加一系列革命活动。在这期间，他不仅阅读了《华工醒时》《工人宝鉴》《民生丛刊》《进化杂志》《晨光报》《新青年》等进步书刊，还亲自听了革命先驱——共产党人马骏同志的多次讲演。在这些活动的影响下，张镇华的思想觉悟有了极大的提高，决心拿起枪杆子，报效祖国。1928年，他和六位同学一同到东北陆军十八旅第一连当了兵，不久升任军士班长。由于他文化程度较高，又勤学苦练，待士兵如亲兄弟，很受士兵们的尊重，也得到了旅长张焕相的赏识，不久送他到奉天（沈阳）讲武堂深造。1930年，张镇华从讲武堂毕业回到哈尔滨，被分配到穆棱下城子东北边防军步兵第十六团供职。在当时的军队中，张镇华被上下公认为文武双全的军事人才，不久就被提拔为少校团副。1931年九一八事变后，他见这支军队不抗日，一味地向后撤，就毅然离开了旧军队，开始走上了革命生涯。

1932年2月，中共满洲省委根据中共中央历次有关开展抗日游击战争的指示精神，起草了武装人民群众，进行抗日游击战争的提纲。提纲明确提出我党必须发动群众，创建党直接领导的抗日武装，将抗日救国斗争进行到底，并提出了在中国共产党领导之下，联合一切抗日力量，共同反抗日本帝国主义的侵略。根据这一指示精神，中共满洲省委特派省委军委书记周保中同志，到吉东地区的自卫军、救国军中进行工作；东满特委派李延禄、胡泽民、张建东、王生柏、刘铁刚、金大伦、孟泾清等同志到王德林领导的救国军中去工作；宁安县委也派出于洪仁等几十名同志到各抗日队伍中进行工作。就在这个时候，张镇华同志由绥宁中心县委派到穆棱，深入农村，发动群众建立游击队。

1932年11月，张镇华和胡仁、宋一夫先后来到穆棱，在八面通镇狍子沟屯（现为河西乡福兴村）的农民宋殿远、金贵和家住了下来。先是帮着宋家和金家割地、拉地、打场，只吃饭不要工钱，挺受欢迎。处熟之后，他们就按党组织的要求，向农民讲解日本侵略者的野蛮暴行，宣传抗日救国人人有责的道理，号召大家组织起来，拿起武器进行抗日。开始只有六人报名参加游击队。大多数人还三心二意，持观望态度。1933年1月，日军侵占了穆棱县城，到处烧杀抢夺，造成穆棱工业停产、商店关门、学校停课，呈现了一片悲惨、凄凉的景象。同年2月，狍子沟屯就有十余人主动要求参加抗日游击队进行抗日救国，因为他们目睹了日本侵略者的暴行，认识到了只有拿起武器反抗才有出路。又经过一段时间的工作，就正式宣告成立了穆棱抗日游击队，宋一夫任队长，胡仁任政治指导员，张镇华任政治副指导员，有正式队员二十一名，队部设在宋殿远家里。游击队建立初期，白天下地干活，晚上进行学习和军事训练，张镇华因在军队干过，有军事知识，负责对游击队员们进行军事训练。游击队刚建立时，没有武器，他们就以铁锹、铁叉当武器。后来张镇华通过在旧军队时的关系搞到了十二支步枪，其中有四支是坏的。为了修理枪支，张镇华到八面通镇与中共穆棱县委取得了联系，县委书记李范五同志派人在八面通镇西（今民主村）建立了张家枪炉，利用夜间修理枪支和锻造枪栓等。遇到困难时，张镇华就亲自跑到穆棱县委交通站（田家澡堂）与交通员田仲樵同志联系。田仲樵同志就搜集边铁、边钉等废钢铁，送到张家枪炉，为游击队修理武器用。

为了扩大游击队，解决游击队枪支弹药困难，张镇华亲自打入了八面通治安队，并当上了一名小队长。利用他取得的身份给游击队送弹药，还秘密组织了一次暴动，成功后有十人参加了抗日游击队。后来在城里给游击队购买军需物资往回运时暴露了身份，不得不离开治安队。张镇华同志非常机智，遇事肯动脑筋，在他撤出治安队往回路过羊草沟屯时，又用伪装治安队的巧妙办法，孤身一人缴了伪自卫团十二人的枪械，并把这些枪械巧妙地运回了游击队。

1933年6月，张镇华同志同穆棱县委书记李范五、反日会员孙长仁（穆棱县伪警务局文书）、王子术（伪警务局公安股长）对穆棱县公署警卫队进行了策反工作。这次策反工作成功后，使穆棱游击队一下子扩展到八十多人，并得到了武器弹药的补充。

队伍发展壮大后，进行了整编。整编后胡仁任队长，宋一夫任政委，张镇华任参谋长，下属三个游击分队。游击队以狍子沟屯为根据地，分散进行活动。后来这个分队又分别编为三个连，每个连五十至七十人，全游击队人数已达一百九十多人。

穆棱游击队在中共穆棱县委领导下，在爱国群众支援下，积极进行反日救国活动，进行了有影响的战斗十多次，如缴械三道崴子金矿伪矿警队，袭击伪森林警察小队，截击日军运输队，夜袭治安队等等。打击了日伪军的威风，长了中国人的志气，鼓舞了人民群众的抗日热情。

绥宁反日同盟军组建成之后，穆棱游击队队长胡仁同志调到同盟军总政治部任主任，宋一夫调到地方工作，只剩下张镇华同志。他领导这支游击队，战斗在穆棱各地，不断地打击敌人，使日伪军非常头痛，竟贴出布告用高价买张镇华的人头，布告说：有告知张镇华准确下落的赏现大洋五百元，击毙者赏现大洋一千元，活捉者赏现大洋五千元。张镇华听了哈哈大笑说："想不到我竟值这么多钱！"

1935年1月，中共吉东地区党组织接到中共满洲省委关于东北反日部队统一建制的指示。根据这一指示，吉东局和宁安县委、绥宁反日同盟军党委共同决定：将绥宁反日同盟军改编为东北反日联合军第五军，周保中任军长、党委书记，柴世荣任副军长，胡仁任政治部主任，张建东任参谋长，军部设在八道河子根据地。

在组建东北反日联合军第五军的过程中，张镇华同志领导的穆棱游击队作为骨干队伍，被编为军部直属警卫连，张镇华任连长。从这时起，张镇华同志就开始在周保中的直接领导下转战于吉东地区，从事艰苦抗战的工作，从警卫连长到警卫营长，从师参谋长到师政治部主任，从副师长又到师长、师党委书记，逐渐成为抗联五军和抗联第二路军的主要骨干力量，同时还兼做艰巨的军部教导队训练工作以及对伪军策反工作。

张镇华同志率领抗日健儿，在第五军东部派遣队的战斗历程中，勇敢机智，使每次战斗都取得了胜利：三次攻打林口；夜袭日军守备队；参加了小穆棱河、大小杨木背战斗；在白石砬子、四合屯等地战斗中缴了伪军和地方武装队的械；袭击了日本兵营等。在这些战斗中，据不完全统计，打死打伤日伪军二十三人，俘虏伪军五十多人，缴获步枪六十五支、手枪三支及弹药等多种物资。其中影响较大的是马路沟战斗和亮子河战斗。到1936年初，由于抗联五军东部先遣队正确地执行了联合抗日的政策，与地方保甲、地方武装和山林队都建立了良好的关系，将群众武装天龙队（三十多人）改编为五军第八团，将"小金山"队编入了军部警卫连，使东部先遣队逐步壮大起来。

1936年2月，为了策应、掩护抗联五军的主力部队第一师和第二师向中东铁路道北转移，张镇华率领军部直属队和道南留守部队，在周保中同志的统一指挥下，在宁安、东宁、穆棱等地展开了积极的活动，采取机动灵活的战略战术，既从正面对日伪军进行坚决的打击，又从侧面通过各种关系展开策反工作。3月，策反伪军一位连长带领十二名弟兄携枪投诚；通过内线工作，采用内外结合的办法，将驻守宁安境内的伪警备二十七团第三连全部缴械，共获得三八式步枪六十五支、十一年式轻机枪二挺、手枪三支、子弹万余发、服装一百七十多套；在三道河子缴械伪军一个连，得步枪一百余支、轻机枪二挺、子弹四万余发；在烟筒沟伏击了伪森林警察队，获步枪二十八支、手枪一支、轻机枪一挺，俘虏伪军三十一人。

张镇华同志随抗联五军军部转移到中东铁路道北之后，从1936年末到1937年1月以前，一直活动在穆棱、勃利、方正一带，多次打击日伪军，为军部和部队筹集了大批给养，使军部和部分部队度过了严冬。1936年12月3日，在刁翎大通沟的战斗影响比较大，抗联部队两百余人与日军和伪军二十九团七十余人相遇，双方激战一昼夜，各自撤出了战斗。这次战斗共击毙日军八人、伪军两人，伤日军三人、伪军五人。缴获鞍马七匹和很多子弹、手榴弹。张镇华率领军部警卫营，在林口大盘道，配合柴世荣调集来的部队，伏击了从刁翎镇开来的三百余人日军和运载给养的两百多张马爬犁。三百多日军被歼灭，俘虏二十八人。缴获了全部辎重和五百多匹战马，沉重地打击了敌人，武装了自己。这时五军军部决定：趁大盘道伏击战胜利的影响，利用敌人要过春节比较麻痹的机会，一举歼灭前刁翎的伪军。2月1日傍晚时分，张镇华配合柴世荣调来的军部警卫营、青年义勇军、妇女团和第二师的四、五团等兵力，急行军三十多里路，于当天夜间包围了刁翎镇，驻刁翎镇的一个营的伪军全部被俘。日军进行抵抗，激战到2月3日晨结束，打死日军教官五人、宪兵十六人，取得了辉煌的胜利。

1937年2月，在洼洪河沟里抗联九军军部召开了抗日联军领导会议，会议决定由周保中指挥攻打依兰县城。洼洪会议后，周保中于3月初，日夜兼程返回了三道通，为了取得攻打依兰县城的胜利，必须派人进城侦察，摸清敌人在城里的情况。周保中和柴世荣考虑再三，决定派张镇华进城去侦察，因为张镇华同志机智勇敢，还有文化，一定能完成这一任务。找来张镇华向他说明情况后，张镇华向周保中表示：坚决完成侦察任务。

张镇华接受任务后，化装成一个普通群众混进了依兰县城。进城后，首先与在伪军二十二团中的地下党员取得了联系，然后来到在依兰县伪警察署当伪警察的朋友关振环家，向关振环借了一套伪警察服穿上，在城里开始了侦察工作。张镇华同志通过各种关系和亲自观察，不到一周的时间，就把依兰县城内的敌人情况摸清楚了，并根据摸到的情况画了一张依兰县城内敌人兵力部署图，标明了驻军、仓库等重要位置和兵力配备，然后回到二十二团，向地下党同志交代了攻城战斗打响后，做好内应工作。

依兰城地处松花江、牡丹江下游的汇合处，素有“东北重镇，遐迩通衢”之称，是日伪军军事物资的集结地。城内驻有日军一百五人，伪军七百余人，

守备比较松懈，伪军的军心普遍动摇，民众倾向抗日，地形复杂，敌人增兵比较困难。张镇华一向工作细致，他把侦察到的详细情况一一向周保中做了汇报，周保中听了十分满意。拍着他的肩膀赞扬道：“镇华同志，你为攻打依兰县城立了大功，我代表军党委感谢你。”

周保中根据张镇华侦察到的情况，做了详细的攻城战斗计划，调集了东北抗联第四、第五、第八、第九军组成联合攻城大军，于3月19日夜晚，在周保中的统一指挥下打响了攻城战斗，张镇华率领他的部队担任突击队，首先攻进了城里。经过四五个小时的激战，迅速攻占了依兰县城，共歼灭敌人三百余人，缴获了大批物资。这一战斗的胜利，打乱了敌人准备春季大讨伐的部署；打通了抗联部队通向图佳铁路以东桦川、富锦的交通封锁；扩大了抗联部队的政治影响，提高了人民群众抗日斗争的积极性。

1937年3月，联军打完依兰县城后，大家都说：“张镇华是一名出色的‘虎将’，是一位‘孤胆英雄’，有文武双全的才能，有同敌人进行各种形式斗争的艺术才干。”周保中同志认为张镇华是一位难得的人才，因而把很多复杂艰巨的任务交给他去完成。4月份又派他到穆棱县镇北街找地下党员冯淑艳和王杰忱夫妇，对宁安三道河子伪森林警察大队进行策反工作，因为冯淑艳和王杰忱夫妇是伪森林警察大队长李文彬的表哥表嫂。张镇华对策反工作很有经验，他和冯、王研究后，又派人打进了李文彬的伪警察大队进行卧底。经过一段工作，摸清了李文彬的底细后，张镇华又不畏艰险，亲自深入到伪警察大队和李文彬接触。经过他耐心的说服教育后，李文彬终于打消了顾虑，于1937年7月12日宣布起义，把在伪警察队伍中的八个日本人全部击毙，烧毁了日本军官的住宅和伪警察大队住的房屋，破坏了各种军事建筑，缴械了由五虎林（现为林口县五林镇）派来的五十个官兵的枪支。李文彬在张镇华、冯淑艳、王杰忱的策应下，率领伪森林警察大队的一百五十多人连同家属六七百人，携带全部军需物资来到了五军驻地三道通，走上了彻底抗日的光荣道路。7月15日，起义队伍在三道通举行了誓师大会，正式宣告参加抗联五军，改编为抗联五军警卫旅，下编第一、第二两个团，李文彬任旅长，张镇华任旅政治部主任。当时又召开了群众大会，热烈欢迎李文彬起义，群众给起义官兵佩戴红花，送来猪肉、粉条、白面进行慰问。

张镇华同志策动李文彬率队起义，在吉东地区影响很大。不久驻扎在依兰县的伪军三十八团、在勃利县的伪军二十九团，带着三门火炮、四挺重机枪、十六挺轻机枪，还有大批步枪、手榴弹等起义投诚，壮大了我抗日队伍，使敌人惶恐难安。

因长期过着艰苦的游击战争生活，使张镇华同志的健康受到了影响，加上缺医少药，脾脏受伤，又患上了慢性惊风症，时常发作，小发作时休息会儿就好，大发作时面白神萎，抽搐无力或吐或泻，四肢发冷，严重时睁眼昏睡，嘴唇发青。但他从没叫苦，从不休息，一直战斗在第一线。1938年3月，周保中调他到二师任副师长，虽然宋一夫兼二师师长，但因他是整个西征部队的主要负责人，二师的西征整顿训练全落在张镇华一个人肩上。1938 年 4 月，从下江开始出发，向宝清集中，5 月 27 日，又从宝清县大叶沟出发开始西征。西征是十分艰苦的，部队要穿行深山密林，要忍饥挨饿，要和野兽蚊蝇做斗争，还要和阻击拦截的敌人进行斗争。部队于 7 月 8 日，逼近了苇河县的楼山镇。

楼山镇是日本侵略者掠夺东北森林资源的一个重要木材砍伐场所，设有日本关东军经营的木材采伐所。镇内有伐木工人和商业市民六百余户，是苇河县东部地区一个较大的集镇，森林铁路从此通向中东路亚布力车站。经侦察得知，这里驻有日本关东军木材采伐机关、伪军守备中队、守备森林铁路的白俄军队，还有部分伪警察、自卫团等武装，市区外围及伪军营房附近设有炮台、地堡、暗沟等防御工事。张镇华和陶净非等人商量决定攻打楼山镇，拔掉前进路上的钉子。于是制定了详细的作战计划，分别成立了奋勇队、没收队、收容队，充分地做好了进攻的准备。7 月 12 日拂晓，张镇华和陶净非指挥西征部队突然向楼山镇发起了进攻。经过激烈的战斗，很快就占领了楼山镇。这次战斗，取得了很大胜利，俘虏敌军中队长以下四十余人，击毙敌人二十多人，缴获轻机枪两挺、步枪一百余支、子弹四万余发，还有粮食等多种物品。焚烧了敌人在楼山镇设的官署，破坏了附近的防御建筑物、铁道桥梁、通信设备等。抗联西征部队在撤出楼山镇之前召开了群众大会，张镇华同志向人民群众进行了抗日救国的宣传。

抗联第二师的西征部队在楼山镇战斗后继续西征，但斗争环境更加险恶，给养也更加困难。有时一连几天也吃不到一粒粮食，全靠杀战马来充饥，后来战马杀光了，就吃野草、野菜、树皮、草根等。指战员们的鞋子破了，就光着脚坚持行军打仗。西征部队不仅生活极其艰苦，而且日伪军前堵后追，经常是边打边走。到了同年 8 月份之后，队伍受到了严重损失，人员也越来越少，一些优秀指战员们相继牺牲。1938 年 8 月末，张镇华与陶净非率领西征部队，过河之后又和敌人相遇，与敌人进行激战后，不仅与第一师的部分人失去了联系。第二师本身也被敌人冲散了，相互之间失去联系，与张镇华同志共同战斗了一年多的陶净非也失踪了，张镇华率领剩余的部分同志在附近找了好几天，也没有找到陶净非他们。

张镇华在找陶净非的几天里，始终在敌人的包围追击之中，天天都要打仗，同志们也一个个倒下去，最后只剩下七个人。但张镇华是个乐观主义者，面对目前的严峻形势和艰苦环境，他笑着鼓励同志们：“我们已经到了苦难的极限，再往前发展，就会往好的方面转化了，大家一定要咬紧牙关，把眼前的困难渡过去。”他的革命乐观精神，鼓舞了同志们，终于渡过了难关，在宝清县找到了抗联四军在下江留守处的彭施鲁同志。他们在彭施鲁这儿休息了几天，恢复了体力后，又出发去找抗联五军队伍了。

1939 年 5 月初，抗联二路军总指挥周保中从刁翎地区突围后来到宝清。得知周保中到宝清的消息后，张镇华于 5 月 9 日急来相见，倍感亲切，互致问候后，张镇华同志详细地向周保中汇报了西征情况，并根据自己所看到、遇到的实际情况，分析了当前的形势，对下步工作又提出了自己的意见。

周保中同志认为张镇华对形势的分析很准确，符合实际情况，下步工作意见也很具体，就召集留守处同志对这些问题进一步详细讨论。最后周保中对下步工作提出了要求：（1）统一大家认识，增强内部团结，坚定胜利信心，坚决同敌人斗争到底；（2）分头巡视各部队，帮助基层领导解决具体问题；（3）根据情况的变化，改变征收给养的办法，今后要通过“集团部落”、敌人的据点和交通建筑工地、林场、采金所等来解决给养问题。并把这项艰巨的任务交给了张镇华具体实施。会后，他们于5月15日又分头出发巡视各部队去了。

由于张镇华同志率领小分队积极活动，不断地破坏敌人修筑的公路、袭击据点、伏击敌人运输队等，获得了很多粮食和牲畜，从而使总指挥部机关和警卫人员的给养得到了比较充分的供应，生活有了很大改善。张镇华同志于7月22日回到总指挥部，开始参与总指挥部的领导工作，开会研究处理了一系列重大问题，如讨论处理“叛徒宋一夫”事件，对“佳木斯宝清”事件、“密山宝清”事件的制造者，应给予重重打击等。在这些问题的处理上，张镇华同志都出了不少好主意，深得周保中的赞赏。会议后，张镇华又率领小分队出发了，深入到各地积极进行抗日活动。

张镇华率领小分队来到挠力河五道岗子时，发现这儿有一百多名伐木工人在做工，另外还有不少家属以及居民等。张镇华同志立即召开群众大会，向群众讲解抗日救国的道理，号召大家积极行动起来，把日本人赶出中国。张镇华和小分队战士们还在会上表演了歌舞等文艺节目，工人群众很受教育和感动，有不少人当场就献出粮食、衣物等物资支援抗联。

通过深入工人群众，张镇华了解到敌人在这儿驻扎着四个日本军官、二十个日军士兵、三十个采金护矿队员，同时还了解到在挠力河支流右岸的柳毛河沟里有两百多名采金工人，这些人员亦负有监视抗联活动的任务。张镇华经过慎重思考，觉得有必要拔掉这个据点，这样既能解除对抗联部队活动的监视，又可以得到大批武器弹药和军需物资，是一举两得的大好事。张镇华又想：我小分队人员少，兵力不足，要想取胜，必须是突然袭击，巧妙运用兵力，速战速决。经过周密策划后，对敌人进行了突然袭击。

战斗结束后，共缴获机枪四挺、步枪二十三支、手枪七支、其他各式枪十二支、子弹两万余发，缴获粮食、衣服、胶鞋等大批军需物资，共击毙敌人十人，伤五人，我军无一伤亡。张镇华命令小分队急忙收拾武器、弹药和各种军需物资，并立即运走了这些军需物资，为抗联解决了供应上的困难。

1939年10月2日，张镇华同志被任命为抗联二路军五军三师师长，黄立靖被任命为总指挥部政务处主任，组织还把领导富锦、宝清、桦川、依兰地区抗日救国的重担交给了他们二人。

1939年10月23日，张镇华同志率领三师师部和第九团五十余人的小分队，远途奔袭宝清县凉水泉子“集团部落”和伪警察分驻所，活捉伪分驻所所长刘景学警尉、伪副所长宋竹明警尉等八人和自卫团二十五人，缴其全部武器，没收大量服装等物品，烧毁了伪警察分驻所的房屋，散发了传单，筹集了五十多匹马、牛驮运粮食、物品。这次袭击时间短、行动快，取得的胜利也比较大，给予敌人沉重的打击。

抗联第二路军在下江活动的部队经过1939年秋冬和1940年春这一段时间的积极活动和频繁战斗，得到了很多枪支、弹药和粮食的补充。这些实际情况也向敌人表明：抗联的主力部队仍然在完达山一带山区活动，这就引起了敌人的密切关注。为此，敌人的伪三江省和东安省指挥机关从密山调来了三百多人的日军骑兵部队，从各地调来伪军两千多人，向抗联五军三师和第二路军总指挥部等部队活动的富锦、宝清、桦川、勃利、依兰地区各县进行严密的搜索、跟踪追击和反复“扫荡”。敌人经过反复“扫荡”，把活动在这一地区的抗联密营、储存粮食的仓库全部破坏。吉东省委秘书处的图书、文件、印刷器材等也都遭到破坏，仅粮食就损失了三百多石，抗日斗争的形势急转直下。

在这紧要关头，张镇华同志仍然以大无畏的革命乐观主义精神率领小分队频繁活动，今日夜袭日军守备队，明天端掉敌人的据点，搅得敌人日夜不得安宁。1939年12月初，张镇华、黄玉清、姜信太率领部队向西走去，打算突出图佳线，转移到牡丹江方面活动。敌人得知这一情况后，派出重兵对他们实施包围，企图全歼。在突围中，张镇华和黄玉清、姜信太等人失去了联系。张镇华于1940年1月10日突围出来后，身边就剩下二十余人了，其中女同志居多。

凛冽的冬天，刺骨的寒风，片片鹅毛大雪，使这二十多人的抗联小分队就更加艰难了。张镇华鼓励大家要坚持，坚持就是胜利，严冬过去就是春天，当春天来临时，我们离抗战胜利就不远了。

1940年2月7日，张镇华率领二十多人的小分队，向部队贮存粮食的太阳窝棚方向走去。部队在茫茫雪海中艰苦地跋涉着，他们已经三天三夜没有一粒米面进肚了，全靠剥下来的树皮充饥，饥饿和寒冷无情地袭击着抗联战士。张镇华忍着病痛、饥饿和寒冷，向战士们说：“同志们，我们一定要找到粮食，否则我们就会被饿死、冻死在这茫茫大雪中。我们是党培养出来的抗日战士，我们有全国人民的支援，一定能够渡过眼前的难关！”

狂风搅着雪，大炮在野地里嗥叫着、盘旋着，扬起的满天雪雾茫茫一片，分不清天和地。就在要接近太阳窝棚时，突然从前边响起砰砰砰的枪声。从太阳窝棚里伸出一支支乌黑的枪口，从草窝棚后面的榛柴棵子中冒出了一颗颗人头。一个瘦猴脸抬起来，睁大血红的眼睛，向张镇华喊：“啊哈！你们被包围了，快投降吧！”

张镇华认识这个人，是伪军谍报队的，一看他那个得意样子，张镇华肺都要气炸了，抬手就是一枪，那个瘦猴子惨叫一声，倒了下去。张镇华指挥二十多名战士，就地卧倒在雪地上和敌人对射起来。张镇华环顾四周，对同志们说：“同志们，我们是共产党领导的抗日队伍，我们一定要和敌人拼到底，决不能当叛徒！”

女战士朱新玉说：“师长，你就放心吧，就是剩下最后一个人，也要战斗到底！”

日军、伪军、谍报人员，在日本军官的指挥下开始向卧在雪地里的抗联战士发起了冲锋，张镇华指挥二十多名战

士一齐向敌人开火，冲在前面的日军、伪军中弹倒下，后边的敌人又冲了上来。

在激战中张镇华的腿部、肩部、手上都中弹负伤，其他战士也相继受伤、牺牲。张镇华见这样硬拼的办法不行，于是用命令的口气对身旁剩下的同志们说："我来掩护，你们往洼地里撤！"

朱新玉说："不，师长，你们撤，我一个人来掩护！"

张镇华严厉地说："为了抗战胜利，我们要尽可能保存实力，你们撤，我来掩护，这是命令，必须执行！"他为了掩护同志们撤退，吸引敌人的火力，突然从雪地中站起来，举枪向敌人射击，没有负伤和负轻伤的同志迅速向旁边洼地撤去，张镇华又中了弹，身子重重地摔在地上。

这场战斗一直打到子弹打光，敌人才把张镇华和六名负了重伤的女同志一同抓住，押到宝清县城敌人的监狱里。

张镇华及六名女战士被俘后，他就清楚：除了当叛徒背叛祖国外，就根本没有活着出去的可能，因此他做好了牺牲的准备，向被俘的同志们说："我们已经经受了战争的考验，这回又得经受监狱里的考验，我们都是特殊材料制成的共产党员，不论怎么残酷也不能动摇。文天祥说过'人生自古谁无死，留取丹心照汗青'，祖国不会忘记我们，人民不会忘记我们，党不会忘记我们！"六位女同志一致表示："请师长放心，我们宁肯站着死，也决不跪着生！"

敌人上上下下都知道，张镇华是抗联五军三师师长，打仗最勇敢，用兵最有计谋，抗战最坚定，劝他投降没有一点指望，用刑也无用，只好从精神上来折磨他。敌人知道共产党人最关心同志，宁可自己受苦受难也不让自己的同志受苦。敌人把女战士朱新玉等人拉来审问，要当着张镇华的面给她们动刑，让他心里难受。当朱新玉被提到审讯室审讯时，她昂首挺胸。敌人把烧红的烙铁拿起来要往她身上烙时，朱新玉突然伸手，从敌人手中抢过火红的烙铁向敌人身上、头上烫，把日军、汉奸、伪军全吓得东躲西藏，闹得不能再审下去。张镇华在一旁见了哈哈大笑，他为有这样的抗联战士而高兴、自豪，冲着朱新玉夸奖道："干得好！干得好！这才像个抗联战士，一个人要是连死都不怕，任何人也奈何不了他！"

在以张镇华为首的七位钢铁铸成的抗联英雄面前，敌人束手无策，于是便露出了凶恶残忍的杀人本性。在一个北风呼啸、大雪纷飞的深夜，敌人把朱新玉、刘英、崔顺善、郭英等六名女战士拉出城外，她们冒着风雪，昂首挺胸，高唱着：

民众的旗，血红的旗，
收拾着战友的遗体。
遗体还没有僵硬，
鲜血已染透了旗帜……

英雄们高唱着歌走上刑场英勇就义！

宝清县的日、伪机关头目们，都采用不同形式和张镇华打过交道，都知道他的厉害，知道他既不会投降，也不会给他们做事，主张在宝清县就地把他杀了。但佳木斯伪三江省的特务机关不同意，还想利用他和周保中的关系进一步瓦解抗联。经请示日本特务头子土肥原同意后，于1940年3月23日将张镇华押送到佳木斯，伪三江特务机关立即进行了审讯，软硬兼施，采用了各种手段，仍然一无所获。最后他们认为：张镇华在东北时间太长，“匪性”难变，没有任何利用价值，于1940年4月间将张镇华同志杀害于佳木斯敌人监狱中。

当张镇华师长和六位女战友被敌人杀害的消息传到抗联五军队伍时，战友们泣不成声，一致摩拳擦掌，要化悲痛为力量，把抗战进行到底。当这一消息传到他的家乡时，镜泊湖水卷狂澜，牡丹江水掀巨浪，誓死要把日军来埋葬！抗日英雄张镇华永垂不朽。

（本文由牡丹江市博物馆和烈士纪念馆供稿）

“猛子”连长曾贤生

文/何　畏

曾贤生，地道的庄稼汉出身。在闽西革命根据地打游击那会儿，他就是游击队长刘亚楼的警卫员，后来参加了名震中外的二万五千里长征。1937年9月25日，八路军首战平型关大战，他腰插驳壳枪，身带大刀片，是伏击部队——一一五师三四三旅六八六团五连连长，外号“猛子”！那次战斗中，八路军以身殉国的英烈中，他是职务最高的一位抗日民族英雄。那年7月7日，卢沟桥战事爆发，国民党守军在日军的疯狂进犯下仓皇南退。北平、天津、张家口、保定等战略城市和雁北十三县，没过多久就被日军占领了。日本侵略军气势汹汹，一面沿津浦、平汉两条铁路南下，一面重兵进犯山西。

这时，由中国工农红军部队改编的八路军一一五师指战员背负着人民的希望，东渡黄河，北上抗日。9月中旬，开入晋北五台山区。沿途逃难的老百姓停下了。大家自动组织起来，聚集在车站、村头和路边，烧茶送水，慰问上前线抗日的部队。

一群东北流亡学生走过来，听说曾贤生是一连之长，拉着他的衣袖就哭诉起日军杀人放火、强奸妇女的暴行来。有个学生泣不成声地说：“求求大家，一定要为惨死的爹娘报仇雪恨呀！”目睹河山破碎、难胞流离失所的惨况，曾贤生持枪举臂，领着全连庄严宣誓说：

“请父老乡亲、兄弟姐妹们放心！我们八路军头可断、血可流，誓死为同胞手足报仇雪恨，不消灭日军决不罢休！”9月23日上午，一一五师师部在上寨村小学的土坪上召开连以上干部大会。会上，师首长讲话说：“根据侦察，日本板垣征四郎的第五师团已经占领灵丘，正企图西窜，会同大同南下之敌夺取太原。各种迹象表明，鬼子的大队人马，正向平型关一线移去。从地形上看，自平型关口到灵丘的东河南镇，是一条由东北向西南延伸的狭窄山沟，长

平型关战役中的八路军指挥员

作战中使用的大刀

平型关

约二三十里。敌人一旦进来就很难出去。我们师的任务就是要利用这一天险，在这一带地区，埋伏一支神兵，布置一条口袋，给日军一个打击。等这条毒蛇全部钻进夹山公路的葫芦套以后，出其不意，从侧后袭击，截头，断尾，打伏击，全部、干净、彻底消灭这股敌人！”

曾贤生兴奋极了。大会刚散，他就同指导员一起召开党支部大会，代表全连向营、团党委递交请战书，坚决要求上级把最艰巨的任务交给五连。为了表示决心和意志，他咬破中指，用鲜血写下铿锵的誓言：“血战平型关，誓叫鬼子有来无还！”

当晚，连队随主力奔赴距平型关只有三十多里的冉庄，进行战前准备。这时，上级党委决定曾贤生所在的团为全师伏击部队的第一梯队，曾贤生所在的五连为断绝日军退路的后卫连。

杨勇副团长亲切地拍着他的肩头说：“猛子啊！如果说我们伏击部队是把尖刀的话，那么，你们后卫连就应该是这把尖刀上的刀尖。”战前，曾贤生把二十多名身材魁梧、勇武超群的战士组织起来，每人发一把大刀，几颗手榴弹，编成一支敢于冲锋陷阵的大刀队。他搬来石头，同他们一起磨刀，一起研讨战斗方案。

24日深夜，师部下达了秘密进入白岩台一线埋伏的命令。曾贤生接到通知，立即率连队随团紧急出动。天空乌云密布，大地一片漆黑，荒凉冷清的秋夜死一般沉寂，只有战士们沙沙的脚步声。突然，迎面吹来冷飕飕的山风。一道闪电劈过，头顶响起隆隆的雷声。顷刻，滂沱大雨倾泻而下。更为糟糕的是，在此秋末时分，山西北部常常雨后成雪，气温骤降。

尤令人意想不到的是，山区雨量过大过急，险恶的山洪竟猛然暴发，眨眼之间，泥沙乱石随着洪水汹涌咆哮而下。曾贤生当机立断：“全连注意！把枪支子弹袋挂在脖子上，以班为单位，手拉手快速通过激流！”军情紧急，命令如山。战士们胳膊挽着胳膊，你挽着我，我扶着你，互相拉着拽着冲过洪流。鞋冲丢了，脚碰伤了，人们仍奋勇争先。经过大半宿艰苦跋涉，全连于25日凌晨到达指定地段，神不知鬼不觉地进入了隐蔽阵地，抢修好了战斗工事。

这时，全师主力也在平型关到东河南镇十余里沟道东南侧的山地一线埋伏完毕。指挥部又派出一支部队占领了东河南镇以北一个高地，以便断敌后路，造成两面夹击之势。

天边微微露出曙光，秋雨悄然而止。拂晓，日军八架飞机低空掠过，上午，远处山沟里渐渐传来汽车的马达声。曾贤生和战友们立刻警觉起来。往下看，日军精锐部队——板垣师团二十一旅团的辎重部队和后卫部队，在日本旗引导下，分乘一百余辆四轮大卡车和载重汽车，浩浩荡荡直奔而来。

两百多辆装载军用物资的大车，驮着九二式步兵炮的骡马群，在一队骑兵的护送下，也尾随其后进入八路军伏击地域。远远望去，黑压压、密麻麻连成一片，挤满了十多里长的狭窄山谷。

敌人越来越近了。俯瞰下去，日军旗子上的“武运长久”几个黑字已清晰可辨。汽车里和马背上的日本兵，个个头戴钢盔，身穿黄大衣，脚蹬大皮鞋，有的手执三八大盖枪，有的斜背枪支，脸上一副骄傲狂妄神态。

曾贤生看在眼里，恨在心头。他吐

了口唾沫：“呸，先别神气，好戏还在后头哩！”薄雾散去，天色渐朗，云影山光笼罩着战地上空。进犯的四千余名日军已全部钻进八路军预伏部队的口袋阵内。这时，团通信员利用沟沟坎坎的掩护跑来，说：“团首长命令你们，收紧口袋底，不许日军一兵一卒逃出伏击圈。”“是！”师指挥所发出总攻命令！曾贤生高举驳壳枪，一跃而起：“目标——干掉河滩敌人后卫车队，冲啊！”截头，断尾，打伏击的战斗开始了！五连战士犹如猛虎捕食般扑下山去。

机枪弹、手榴弹如雨点般飞向敌群。伏击部队所有轻重武器这时也一齐开火。

长蛇似的敌阵，一下被切成若干小段。枪声，手榴弹的爆炸声，山炮的轰鸣声，英雄健儿们的呐喊声，惊天动地震撼山谷。但见硝烟弥漫，火光冲天，十多里长沟，瞬间成了一条烈焰熊熊的火龙。汽车上的鬼子，猝不及防，一个个连滚带爬地跌下车来，逃的逃，躲的躲，哭的哭，嚎的嚎。

一小队鬼子见势不妙，妄图夺路而逃。他们凭借山沟以北有利地形，集中机枪火力将五连压住，冲到最前头的一些战士不幸倒下了，曾贤生的右小臂也中弹挂彩，鲜血浸湿了他的衣袖。日军指挥官张牙舞爪，又督促士兵向五连发起反冲锋。曾贤生顾不得伤痛，命令一班从左侧坡地迂回上去，封锁住敌人退路。一阵手榴弹爆炸后，敌人的机枪哑巴了，两次反扑都被五连英雄们击退。

这时，曾贤生眼瞅敌人二十多辆卡车连在一起，几百名日本兵挤成一堆，其中还有佐级军官，正是集中火力歼敌的大好战机。他一声怒吼：“机枪——手榴弹打！”一阵巨响，敌人被炸得车仰马翻，尸横遍野。但见人挤人，车碰车，马踏马，炮撞炮，日本兵挤成一堆，乱糟糟拥作一团。敌人阵势就像被烈火烧着了的野蜂窝，被沸水浇着了的蚂蚁群，闹哄哄，乱腾腾。日本兵们丢盔弃甲，狼狈不堪。

但是，几十名深受军国主义思想熏染的敌人，仍拼命负隅顽抗。几个官佐也舞动指挥刀在后边督战。日本兵们端着刺刀，组成一列人墙，吼叫着向五连勇士们挤压过来。

面对残敌的拼命气焰，曾贤生手举枪响，首先撂倒了挥舞日本旗的一名少佐，又倏地把驳壳枪往腰间一插，从背后拔出大刀，一声长啸：“大刀队——上！”勇士们听见口令，剑眉倒竖，虎眼圆睁，人人用足了力气，个个抡圆了臂膀。一霎时，刀飞影闪、杀声雷鸣，削铁如泥的大刀片，纷纷对准日本兵们的脖颈和后脑勺猛砍下去。手端步枪的健儿们龙腾虎跃，同敌人展开了刺刀见红的殊死搏斗。一场恶战，直杀得日本兵鲜血喷溅，人头落地。

曾贤生夺过一把三八大盖枪，同敌人厮杀在一起。几个日本兵围着他团团乱转，哇哇怪叫。曾贤生虎威大震，左右刺杀，一气劈倒了近前的几个日本兵。

不料，这时后面又追上来三个敌人。三把带血的刺刀同时伸向曾贤生前胸。

曾贤生沉着应对，拨开两把刺刀，猛一个有力的突刺，左边的日本兵应声倒下。说时迟，那时快，曾贤生回身一刺，右边的日本兵也被刺中心脏，嚎叫了一声瘫倒在他脚下。第三个日本兵慌忙跳到曾贤生背后，曾贤生一见急忙猫腰，缩小身体转身迎敌，不想脚下闪失，日本兵的刺刀穿进了他的小腹。

他强忍剧痛，身躯用力往前一挺，不等对方拔出刺刀便“杀——”的一声咆哮，抡起枪托，瞅准日本兵脑门儿狠狠砸去。当下，日本兵脑浆迸裂，血花飞溅。伏击战进入白热化阶段，拼杀越来越激烈。勇士们刺刀卷刃了，便用枪托狠砸日本兵头颅，枪杆劈断了，便拳打脚踢，用牙撕咬，死死缠着敌人，围住敌人。仅仅二十多分钟，河滩里的几百名日军官兵全被五连和兄弟部队消灭。然而，五连也死伤惨重，牺牲过半。

平型关大捷的捷报传向四面八方。此役共歼灭日军一千余人，缴获步枪一千余支、机枪二十余挺，击毁汽车一百余辆。这是全国抗战取得的第一场歼灭战的胜利。

打扫战场的时候，人们望见曾贤生一手紧握枪杆，一手捂着小腹，虽已气绝身亡，但仍然怒目灼灼，死盯着惨死在他刀下的日本兵。战友们还发现：在他那军衣口袋里，那张用手指蘸着鲜血题写的决心书中尚紧紧地包裹着没来得及交给组织的最后一次党费。

（本文选自中国红故事网）

令敌胆寒的抗日英雄

——琼崖纵队骁将符志行

文／王　勇　符嘉善

符志行

琼纵骁将符志行是海南临高人，他是一位多谋善战，令日军胆寒的抗日英雄。在抗日战争中他领导军民，在临高、儋州、白沙一带与日军数十次交锋，歼敌无数。

投笔从戎抗日“先锋”

1919年，符志行出生于临高县清平乡（现儋州和庆镇）美迎村一个没落的封建家族。父母亲为人正直，也非常重视符志行的教育，在1936年送他到广州岭南大学读书。

1937年七七事变后，符志行加入广东青年抗日先锋队。

当时，国民党为了阻止进步学生北上，大肆进行“反共”宣传。危难之际，符志行放弃了去香港读大学的机会，决定走抗日救国之路，并改名志行，取“志不求易，行不避难”之意。

日军占领湖南衡阳以后，北上交通线中断，符志行毫不犹豫地选择回家乡海南参加抗日工作。

符志行回到海南与冯白驹、林李明等会面后，被派到自己的家乡海南西部，开辟大南区（以那大为中心的临、儋交界地区）抗日根据地。

符志行的抗日工作也得到了父母亲的支持，在他的影响下父亲符正气成为后方医院院长，为革命作出了很多贡献。母亲李华生是地下联络交通站站长，曾多次智救共产党员。符志行在大南区积极宣传、组织群众，进行武装斗争，阻击日军的烧杀抢掠。

青年符志行

1941年9月成立的大南区抗日民主政府刺痛了国民党顽固派的神经。时任区长的符志行自然成了国民党顽固派的“眼中钉”“肉中刺”。可是要抓符志行并不是那么容易，他活动在山林里，行动有武装保护。国民党顽固派便在符志行的母亲李华生身上打起了主意。

一天晚上，李华生被捕。敌人以李华生为要挟，利诱符志行，许他以高官厚禄、“光明前途”，符志行却毫不动心。可是，母亲的安危，让他不得不慎重考虑。强行营救，意味着更多的伤亡。最后为了革命事业，为了大南区的革命群众，符志行忍痛写了《告乡村父老书》，表示决心革命到底，不接受任何条件。后来，母亲李华生在南美山被杀害。母亲被捕时，符志行的一个小弟弟正患重病，因无人照顾而夭折。

国仇家恨，血债血偿。符志行擦干眼泪，更加坚定地投入抗日战争中。

以少胜多扬军威

1942年4月14日，符志行被任命为琼崖独立总队第四支队第二大队队长，走上抗日第一线，与日军开始短兵相交。

第二大队刚成立时，武器很落后，多数是土制步枪，容易卡壳，战士们不得不准备一根硬木棍，战斗中一旦卡壳就用木棍捅枪筒。符志行就想到要从日本人手中夺机枪，通过侦察，他得知驻和舍的日军每天都有一辆军车载日军到巴总村监督民工修路，车篷上架有一挺机枪。

符志行连夜侦察地形，发现路边树木全被日军砍光，只有巴总桥东侧有一片茅草丛可隐蔽。但周围是稻田，不利于撤退，同时阵地离和舍不远，日军援军很快就能赶到。权衡再三，符志行决定出奇制胜，因为日军绝不会想到有人劫车。他挑选了十名身强力壮的勇士，自己亲自带队，天没亮就埋伏起来。上午9点敌人进入埋伏区，符志行对准司机脑袋连发三枪，军车戛然停止，战士们一阵手榴弹，烟雾弥漫，敌人还没反应过来，大家就冲上军车。

一阵搏杀之后，打死了日军六人，其中有一个军官，缴获一挺机枪、五支步枪、一支手枪、一箱子弹和一批军用

品。巴总一战，虽然是小胜，但政治影响很大，在海南西部再次戳穿了“皇军不可战胜”的神话，鼓舞了战士的士气，振奋了民心。

1942年9月22日，符志行又接到情报，日军有一辆军车从海口回那大。符志行立即部署，这次更干净利落，二大队几分钟时间就解决战斗，打死四名日本兵，缴获三八步枪四支、布匹、杂货、香烟、月饼一大批，战士们过了一个富足的中秋节。

1942年10月，日军在抗日根据地多次被打击后，更加疯狂地加强对村庄的“扫荡”，同时采取严密措施封锁、断绝物资供应。为了解决抗日队伍的物资供应，二大队准备袭击光村日军专卖局。符志行摸准情报后，让战士化装成赶集的村民，潜入光村墟内部，然后里应外合打得日本守军措手不及，打死二十人，俘虏十七人，缴获步枪十支、布一百多匹，被子、牙膏、香皂、火柴等日用品也缴获无数。

光村之战后，符志行估计驻长坡的日军会出动，就赶快转移到苏村。但由于汉奸出卖，日军很快就发现了第二大队的行踪，并在苏村突袭符志行的部队。好在符志行利用熟悉地形的优势，沉着应战，没有让日军占到便宜。

此后，符志行率领的第二大队在儋州、临高一带与日军展开游击战，日军进攻，二大队就退回山区；敌人撤退二大队就找准机会打伏击，先后在番长、那大、白南岭、东成等地袭击日军。

1943年6月8日，符志行带领部队准备奔袭儋州兴贤乡的伪维持会和伪军。部队本打算在天亮以前赶到迈格村隐蔽，可是，由于下大雨和向导迷路，到达迈格村时已是凌晨5点多。此时天色微亮，这一天刚好是附近墟镇的赶集日，路上已陆续有了行人，部队的行踪暴露了。上午8点左右，闻讯赶来的日伪军把村子层层包围，还从海口派来两架飞机轮流轰炸，几辆汽车前后总共运来一千人左右的敌军援兵。而在迈格村休整的二大队当时能战斗的人员只有一百五十人左右。

面对敌强我弱的情况，符志行采取重点防御、机动歼敌的打法，带领战士们迅速占领有利地势与敌人展开搏斗。符志行还记得，战斗中，由于一时找不到架机枪的地方而敌人又近在眼前，一小队机枪班班长李桂美不顾自己安危，把机枪架在自己肩上让机枪手进行扫射。

这一仗，二大队共击毙击伤日伪军两百多人，击毙日军指挥官谷川松本八郎。一天一夜的激战，二大队打退了敌人二十多次猛烈进攻，最后秘密突围，日军企图消灭第二大队的计划落空了。这次战斗再次打出了琼崖独立总队的军威，总部评奖时，符志行被授予抗战特别奖章。

日军闻“符”皆丧胆

1945年8月下旬，符志行带领队伍在白沙与国民党顽军守备部队作战时，缴获一批文件，从文件中发现日本无条件投降的消息。他把这一消息向总部汇报后，总部命令二大队开出白沙，占领敌人撤退的乡镇。

9月上旬，第二大队奉命开拔到那大附近驻扎。因日军司令官点名要求符志行为谈判代表，第四支队支队长马白山令符志行与那大日军头目谈判，命令他们缴械投降。

符志行带领四位同志进入那大后，

驻那大日军司令山本大佐前来会面，互通姓名后，对方上下打量。山本惊讶地说原本以为符志行至少是一位四五十岁的指挥官，却想不到这么年轻。山本请教他是哪所军校毕业的，他自豪地告诉对方："我是山头军校毕业的，我的教员有两个，一个是你们日军，一个是国民党反动军队。"

二十六年后，符志行与山本再次在日本相遇。那是1971年3月22日晚，奉命率代表团到日本参加第31届世乒赛的符志行，参加了日中文化交流协会成立15周年招待会。席间，突然有一位日本老人走到他面前，一边弯腰点头一边嘴里用中文道歉说："我有罪！"符志行被这位老人的举动搞糊涂了。通过翻译，大家知道这位老人叫山本，曾在海南岛打过仗，老人问翻译眼前的人是不是符志行。山本说，当年他的部队和符志行打过很多仗，当时的符志行是个年轻的指挥官，用兵神机妙算，又英勇善战，自己所在的部队吃过符志行的很多亏。

由于当时符志行是隐瞒其现职军人的身份而率队出国参赛的，在当时的国际政治环境下，这种敏感的身份可能引起外交上不必要的麻烦。因此，符志行不敢承认自己的身份，忙说自己是北京人，从没到过海南岛。经过翻译的解释，老人半信半疑地走开了。

抗日战争结束后，符志行又参与了解放战争和抗美援朝战争，于1953年被派往高级防空军校尖端科技班学习，毕业后任防空高校系主任；1967年调任国家体委军管会副主任，曾被周恩来总理指派率领体育代表团访问过欧洲、亚洲、非洲等地十多个国家；1976年调任空一军副参谋长，离休后享受军级待遇。

（本文选自《海南日报》）

抗日英雄赵忠来

文 / 刘亮明

抗日英雄赵忠来

赵忠来出生在山东省高青县水牛里村一个穷苦农民家庭，父亲会唱戏，母亲略通武艺。为了生活，农闲时，父母总领他四处卖艺流浪。看他身子骨单薄，母亲得空就教他些拳脚功夫。

九一八事变后，日本帝国主义把战火烧到了中原大地。赵忠来看到日本人根本不把乡亲们当人看，动不动就杀人放火、抢劫强奸。厄运也无可避免地降临到他家。有一天，母亲领他去讨饭，不料在经过日本翻译官家门前时，他们居然放出了狼狗，在母亲的腿上咬了三个洞。不几天，母亲就因破伤风去世。这仇恨让年幼的赵忠来刻骨铭心。那一刻，他就想，总有一天要杀几个日本人给娘报仇。

不料，仇还未报，1940年他就被日本人抓了当劳工，用闷罐车一气给送到了东北牡丹江。一路上被折磨死的劳工就有十九个，都被他们踢下火车喂了狼狗。到牡丹江后，他们就被日本人逼着开山挖洞修铁路。日本工头看谁不顺眼，就一棒子照脑袋打下去，打闷了就直接拖到狗圈喂狼狗，最多的一天就打死九个。

眼看没活路了，要想活命报仇，只有造反，杀了这些日本人和汉奸。就在这当口，赵尚志的抗联到此活动。潜伏进来的抗联战士让劳工们悄悄地互相转告，三天后里应外合暴动。赵忠来当即毫不犹豫地说："杀鬼子，就是死我也干。"过了三天，天大黑后，两千多劳工潮水一般发动了暴动，铁锹棍棒打了日本人和汉奸个措手不及，不到半小时，四百多个日本人和汉奸就全给'报销'了，仅赵忠来就消灭了三四个，都还没等游击队开枪，战斗就结束了。

参加牡丹江劳工暴动后，抗日联军第一路军总司令杨靖宇赶来慰问，并宣布：想回家的回家，愿意参军抗日的就记个名，拿介绍信到家乡找游击队。赵忠来坚决要求跟着抗日的队伍打日本人。1940年8月14日回到山东老家，仅在家待了两天，十五岁的赵忠来就带着东北抗联的介绍信找到山东沾化抗日游击队，并成了独立大队的一员。

看到赵忠来是个好苗子，第二年夏天，组织上派他到南泥湾学习锻炼了半年。回来后，因为赵忠来会武功，枪法准，就担当起了保护党的干部进行敌占区地下抗日活动的重任。当时，赵忠来经常被派出用埋地雷的方法巧妙地打击日军。因为他的机智勇敢、神出鬼没，使那一带的敌人闻雷胆寒。

1943年12月，赵忠来参加了攻打王家庄的战斗。部队首长提出要利用敌人来市场买菜的机会打入敌人据点。一天，赵忠来和六名战友扮作卖菜的农民，大摇大摆地赶车进了敌人据点。进去后，他们对伪军喊："给你们送菜和好吃的来了"。伪军心里犯了嘀咕："什么好吃的？"这工夫，赵忠来和战友们已到了伪军跟前说："菜下面就是炸药和地雷，只要不抵抗，你们死不了。""不抵抗，不抵抗。"尝过游击队地雷苦头的伪军吓得直哆嗦。问清了日军的住处，赵忠来和战友们立即把十五颗地雷一溜挂好，然后向里喊话："缴枪不杀。"这时有几个伪军想反抗，赵忠来和战友们立即还击。一看大势已去，敌人手举得老高，从地下室出来了。这一仗打死打伤日军十多人，伪军四十多人。战斗结束后，赵忠来荣立了二等功。

除了武功好，赵忠来还有一项绝活：连发弹弓，弹无虚发。在一次战斗中，他发现有几个日本兵眼看就要从背后围上来了，不立即打掉，游击队就会吃大亏。就在这紧要当口，赵忠来掏出弹弓唰唰唰就是三弹，结果都打在敌人的头上，打得他们掉头就跑，解除了战友的危机。从此赵忠来"猫三枪"的美名便不胫而走。他的弹弓绝活是在家乡练就的，用牛筋子拉弓，弓架用大号铁条弯成，打的子弹是铁弹子，一般人拉不开。赵忠来可在手指间夹三个子弹，连续发射，快捷无声，所以威力也大，有效射程达五十米。因此，尽管有枪，赵忠来始终随身揣着这个宝贝，并屡收奇效。

赵忠来的武功、弹弓绝活，特别是机智勇敢引起了部队首长的重视，经常派他去完成一些诱敌上当、巧端炮楼的任务，特别是为部队首长担当暗保的任务。1942 年春天，赵忠来接到一项特殊任务，组织派人找他谈话说："苏联的呢子料好，你要护送一个大客商到苏联买呢子料，给首长们做衣服。一定要确保安全。"过两天，赵忠来和另两名战友就护送一位身材魁梧的"商人"从湖北出发了。先坐马车，再换乘汽车，最后又改乘火车直接进入苏联。到达莫斯科后，也没买呢子料，"商人"独自留下了，赵忠来和战友返回国内，前后四十多天。正在赵忠来满脑子纳闷儿时，一位首长表扬他任务完成得很出色，并笑着告诉他，那个"客商"是八路军的一位高级将领。从此，小小的赵忠来名声大振。武功高强、弹无虚发，"猫三枪"名不虚传，出色地完成一项神秘的特殊任务。

1944 年 6 月的一天，赵忠来保护部队首长到鲁中一带发动群众。当晚，他们就住在了老乡家里，不料被特务出卖，他们一行五人都被捕了。

连续几天，为了从最年轻的赵忠来嘴里掏出抗日部队的秘密，在一个叫南洼据点的审讯室，他们对赵忠来严刑拷打，但他就是不吐一个字。在那些日子里，惨无人道的日军给赵忠来打了绝育针，然后不停地给他上老虎凳、灌辣椒水、睡"好汉床"（布满铁钉的床），他被折磨得死去活来，但日本人使尽酷刑硬是撬不开赵忠来的嘴。恼羞成怒的日本人当时就要把他砍了，翻译官说这个小孩肚里的话没倒出来，还得留着，慢慢收拾。后来才知道，这个翻译官是新四军的内线，外面还有三支游击队在设法营救他们。

后来，无可奈何的日军把赵忠来和四个战友都关进了水牢。水牢里四面全是刀尖，一动就扎得人鲜血直流。一直过了五天，赵忠来和战友们没一人服软。无计可施的日军，只好决定活埋他们。就在这命悬一线的紧要关头，地下党赶来营救，赵忠来和战友们杀了日军的守卫，成功地逃离了狼窝。

越狱后，遍体鳞伤的赵忠来被组织上送进医院治疗。四个多月后，赵忠来的伤还未痊愈就喊着要参加战斗。几个月里，赵忠来出生入死又参加了许多次战斗。1944 年 11 月，他参加了山东明水游击队的伏击战，战斗中充分发挥了熟悉地雷战的特长，此战缴获了日军的四辆摩托、十多匹马，俘虏日伪军四十多人。1945年6月，参加了明水战役，在战火中奋不顾身救出了一位乡亲，但他却在和日军的搏斗中头部受伤。他的口头禅是“只要你鬼子打不死老子，不滚回去，老子就和你干到底。”

（本文选自人民网）

神兵巧伏雁门关

文/贺炳炎

1937年10月，我八路军第一二〇师挺进到同蒲路北段的宁武、神池、朔县一带，在敌后发动群众，开展游击战争。

残暴的日军，在这一带进行了极其野蛮的屠杀。复仇的火焰在部队中炽烈地燃烧着。一天，我正在翻阅着各连的请战书，忽然接到师部通知，要我们第七一六团的领导干部去受领任务。我当时任这个团的团长，接到师部通知后，就和廖汉生政委急忙驱马，奔向师部驻地。

师部在神池县城以西的一个村子里。当我们走进师首长的房子时，贺龙师长和关向应政委正围着地图研究情况，一见我们来到，关政委便关切地问："到达这一带，部队情绪怎么样？"我们说："看到敌人的暴行，同志们都非常气愤，总盼着有机会狠狠地收拾他们一下！"

贺师长一听放声大笑起来，连连说："很好很好，要收拾敌人，机会有的是！"他叫我们靠近地图，指着一块密密层层的山区说："准备把你们调到这里去。"我俯身一看：一个长长的红箭头，正指向历史上著名的隘口——雁门关。

贺师长分析当前情况时说："忻口战役正在进行，敌人每天从大同经雁门关，不断地给忻口前线输送弹药，这是敌人一条重要的运输线。但他们很嚣张，自以为那一带已是后方，警戒相当疏忽。我们要利用敌人的弱点，到那一带发动群众，寻找机会，给敌人一个打击！"接着，关政委也作了指示。最后，贺师长又再三叮咛我们："现在打的是日本侵略军，不是内战时期国民党的军队了，在战术思想上要扭得快，一定要遵循毛主席制定的山地游击战的作战原则。到达目的地后，要紧密联系群众，搞好侦察工作。"受领了上级交给的任务后，我和廖政委怀着兴奋的心情，扬鞭策马，很快返回驻地。

听说去打仗，谁不高兴？部队立即向雁门关方向疾进。一路上，到处可以看到敌军的暴行：许多村镇被夷成了平地，无数同胞遭到了屠杀。仅宁武一个县城，就不知多少人被杀害，差不多家家的菜窖都成了日军活埋人的土坑，许多水井，都填塞着被刺刀挑死的男人、小孩和被奸淫后复遭杀害的妇女们的尸体……战士们眼睛都红了，行军不愿休息，不想吃饭。队伍披星戴月，日夜兼程地向雁门关方向赶去。

经过三天的急行军，部队到达雁门关西南六七公里的老窝村。驻下以后，果然发现敌人的汽车不时从雁门关上开过。南面还时而传来隆隆的炮声。我们立即派出人员沿公路进行侦察。

老窝村四面环山，十分隐蔽。但村

里的人为了逃避日军几乎都跑光了。按师首长的指示，我们立即组织了工作队，四处寻找群众进行宣传，同时，派出部队帮助群众秋收。第二天，我带着一个连正在一片莜麦地里收割，一个六十多岁的老大爷颤巍巍地朝我们走来，边走边揉着眼睛。我走过去，问：“老乡，您有什么心事？”老人家长吁了一口气，揉着泪湿的眼睛说：“你们哪知道啊！国民党的兵只知道抢老百姓的东西，见了鬼子，就像老鼠见了猫一样，跑得比谁都快。鬼子来到这儿又烧又杀，你们要不来，老百姓可真没有活路啦！”

八路军的威名，风似的传开了。不到两天，逃到各地的群众陆续回来，和我们相处得非常融洽。他们自动给侦察员带路，帮助我们搜集情报。公路上一有汽车动静，他们就跑来向我们报告。短短几天，我们不但熟悉了雁门关一带的地形，连敌人汽车过往的规律也掌握了。

10月16日，群众送来情报：大同的敌人集结了一个车队，有许多辆汽车满载武器弹药，有经雁门关南开忻口的样子。这些日子，每隔四五天就有敌人的车队通过，看来情报可靠。我们立即召开连以上干部会，进行动员。会上，廖政委问大家：“怎么样？你们说打不打？”廖政委刚刚说完，三营营长王祥发站起来说：“我发表意见。我永远也忘不了敌人在宁武犯下的滔天罪行，连部驻的那个院，一家八口人，被杀了七口，一个不满三岁的小孩，也被刺刀活活戳死，现在只剩下一个被打得半死不活的老大娘，她眼泪都哭干了，拉着我们，要我们为她全家报仇。这是她一家的仇，也是全中国人民的仇！”他愈说愈气愤，脸色铁青。

贺炳炎将军

接着，他又百倍激昂地说：“要叫敌人以血还血，为死难的同胞报仇，这是我的决心，也是我们全营同志的决心。”连政治指导员胡觉三同志也站起来说：“我代表全连同志，请求上级把最艰巨的任务交给我们。我们一定把雁门关变成日本侵略军的鬼门关！”会场气氛严肃紧张，干部们纷纷表达决心，争着要当突击队。最后，廖政委说：“是的，我们一定要为死难的同胞报仇！要把敌人血洗宁武的罪行，作为向部队进行战斗动员的材料，在全团掀起复仇的怒潮。”

第二天拂晓，我和廖政委带着干部去看地形。到了黑石头沟，爬上山顶一看，一条弯弯曲曲的公路，从雁门关盘旋而下，从这里由西向东绕了一个大圈。公路西面是悬崖绝壁，北面是一段陡坡，顺公路向南不远有一座石拱桥。这真是一个理想的设伏地形。廖政委和我商量了一阵，决定把一、三营分别埋伏在陡坡南北，由三营担任主攻，再由一营派出一个连向阳明堡方向警戒，三营十一连埋伏在桥西，断敌逃路。我们总的计划是，全团一起突然动作，力求把敌人全部消灭在黑石头沟内。任务布置下去，大家都满意地回去了。

18日鸡叫头遍时，部队沿着崎岖小道，插入了石墙沟，进入了预定的伏击圈——黑石头沟。黎明前的黑夜分外沉寂，只有南面偶尔传来几声炮响。进入阵地之后，一切准备妥当，只等着敌人的大队汽车越山而来。

我虽然经过了很多次战斗，但是像这样等候日军还是第一次。“现在打的是日本侵略军，不是内战时期国民党的军队了。”贺师长的指示又在耳边响了起来。我心里有些紧张，为了防止出现差错，我决定再到阵地上检查一下。

战士们看见我，都显出几分神秘的笑容。这时我发现有几个文书、炊事员也上来了，便惊奇地向他们问道：“怎么，你们也上来了？”他们调皮地回答我：“打鬼子人人有责，团长，这是第一次和日军交手，不参加，心里不好受。”还有的说：“老大哥部队在平型关给鬼子吃了个大苦头，这回也叫他尝尝咱们的厉害！”我想听听他们的决心，故意说：“别想得太容易了，要知道这是一个车队啊！”战士们一听，纷纷抢着说：“甭说一个车队，就是十个车队也别想漏过去，不信打起来看！”见部队情绪这样高昂，准备也很周到，我放心地返回了指挥所。太阳渐渐高高升起，我站在山顶上用望远镜观察，只见公路上冷冷清清，毫无动静。有的战士不耐烦了，不时抬头张望。我立即通知各营耐心等待，绝对防止暴露自己。

10时左右，北面公路上突然腾起一股尘土，接着，隐隐约约传来汽车的马达声。战士们抑制不住内心的高兴，悄悄地说：“来了！来了！”每一个人都揭开手榴弹盖，聚精会神地瞅着北面的公路。

敌人的汽车毫无顾忌地开过来了。引头车上坐着掩护部队，一个腰挂军刀的敌军官，还不时用望远镜四面瞭望。敌车队愈走愈近，车上的敌人一个个趾高气扬，叽里呱啦地乱喊叫。好骄横的日本法西斯强盗！我强抑满腔怒火，待敌汽车开入狭窄的黑石头沟时，立即发出命令：“打！”王祥发同志把驳壳枪向前一挥，带着全营的同志向敌人扑去。步枪和轻重机枪一齐狂吼，只见敌弹药车被打着了，响成一片，顿时，黑石头沟天翻地覆。

敌人遭到这迅雷不及掩耳的袭击，一个个从车上往下跳，有的还没跳下来就送命了。一刹那的混乱之后，敌人整顿了一下，端着枪企图反扑。还没等他们散开，十一连的勇士们便冲上了公路。双方展开了激烈的白刃战。我军战士勇猛地和敌人对刺，有的战士索性用在二万五千里长征时使过的“鬼头刀”和敌人拼杀。指导员胡觉三带领三排刚冲

今日雁门关

过去，突然看见一个战士被三个敌兵包围，他挥起大刀冲上去，一连砍死两个，剩下的一个被那个战士刺死。他继续向前冲去，见日军大部分已被消灭，只有少数还在顽抗，忽然发现车下趴着一个，胡觉三同志想抓活的，不料刚一迈步，被那家伙打中前胸。胡觉三同志鼓起全身力气最后喊了一声：“同志们，坚决地打！为宁武的老乡们报仇！”说罢，就光荣地牺牲了。新仇旧恨，在战士们心头燃烧。他们高喊着“为指导员报仇！”猛扫残敌。枪声渐渐稀落下来。公路上的火药味浓烈扑鼻，敌兵的尸体横七竖八地躺着，有的被车上的弹药炸得五体分家。哼！这就是野蛮、残暴的侵略者的下场！黑石头沟里，一片欢腾。战士们怀着兴奋的心情打扫战场，附近的老乡们也乐呵呵地赶来，帮助我们搬运战利品。我巡视着，见一个战士正用铁锹狠狠地砸着汽车，一面砸，一面气呼呼地说：“我叫你再跑！我叫你再跑！”我笑着对他说：“这么多的汽车哪砸得完？”廖政委也说：“不要砸了，应该炸掉！”响声四起，烟火弥漫，不一会儿敌人的汽车便在雁门关下焚烧起来。正在这时，一营警戒部队报告，阳明堡的敌人增援来了。我们按照预定计划，迅速撤离战场。

这次伏击战，一度切断了从大同至忻口的公路交通，有力地配合了国民党军队在忻口对日军的防御作战。

当我们到达山顶时，远远望见雁门关附近又开来几十辆汽车，一队敌兵正沿着公路搜索，天空出现两架敌机，在黑石头沟上空盘旋，看到了燃烧的汽车和日军的尸体，想来，敌机上的驾驶员，一定能看到他们的“命运”是个什么样子了！

我军的游击战，到处为敌人安排了坟墓！

（本文由八路军太行纪念馆供稿）

两战长生口

文/李聚奎　黄振棠

井陉自古称天险，“太行有八陉，井陉为第一”“过了井陉口，军队放心走”，而长生口又地处井陉地区要塞，是石家庄通往太原的必经之路。天然的地理条件和战略位置使这里成为历代兵家激烈角逐之地，遗留的古堡城垣记下了历代一幅幅威武壮观的战争画卷，好像有史以来此地就是两军交兵的天然场所。

1938年2月，为配合国民党军队反攻太原，钳制向晋南进攻的日军，八路军第一二九师师长刘伯承于10日在长岭召集第三八五旅和三八六旅的干部开会，命令三八六旅设伏长生口，待三八五旅七六九团袭击井平公路上的日军重要据点——旧关的战斗打响后，消灭井陉来援之敌。当时，李聚奎任三八六旅参谋长，黄振棠任三八六旅七七一团政治处主任。刘师长下达作战任务后，我三八六旅指战员无不感到欢欣，因为此地正是去年我旅出征抗日，首战告捷的地方。

那次战斗发生在1937年10月22日。当时，沿正太线西犯太原的日军第二十师团和一〇九师团正猛攻娘子关，已占领娘子关东南的旧关等重要阵地。其主力一部经九龙关、测鱼镇等处，向正太路南侧山地西犯，企图对娘子关正面的国民党守军实行迂回攻击。该线国民党军队数万人力战不支，相继撤退，国民党曾万钟军一部和武士敏第一六九师已被围困在旧关以南山地，晋东前线形势十分危急。我旅根据刘伯承师长的命令，于10月初向晋东前线进军，任务是在娘子关东南及以南的日军侧后，积极寻机歼敌，解救娘子关、旧关危机。10月，正当娘子关、旧关告急的时刻，我七七二团到了平定县城以东的石门口。这里，已经可以听见娘子关、旧关一带传来的隆隆炮声。一听见炮声，指战员们就恨不得马上飞到前线，参加战斗。10月20日，七七二团到达长生口附近的支沙口。七七二团是一支敢打硬仗的队伍。长生口第一仗，只动用了七七二团的第三营。该营的前身是红四方面军的二七九团，以长于追击歼敌而闻名，是有名的“飞毛腿”。

21日夜间，三营在副团长王近山的率领下，去袭击板桥西北一千米高地的日军。部队刚过长生口，突然出现了新的情况，前面板桥方向来了一队日军，正偷偷向西进犯。真没想到，“飞毛腿”的脚板子还没磨热，驻板桥的日军竟送“货”上门了。王副团长立即命令部队利用山坡有利地形迅速展开包围，片刻工夫，就形成了一个严实的包围圈。骄横的日军一无所知地进到我伏击圈，三营有个战士在月光下小声地数着：“一个、两个……好家伙，足足有一百多

人。”当敌人完全进入三营的伏击圈时，王副团长一声令下，顷刻间，枪声和手榴弹的爆炸声连成一片，敌人被打得乱了阵脚。当他们前后逃窜都受阻时，才发觉已经被四面包围了。战斗持续了一个小时。曙光初露时，残余的日军被压缩在长生口村子的一个空场院里，看来全部消灭这股日军是易如反掌。战士们喊着“冲啊”从山坡上冲下来，可此刻在火线上的一位指挥员却突然喊出一声：“捉活的。”这毕竟是三营与日军的第一次交锋，捉惯俘虏的战士们还以为日军和其他敌人一样，打狠了就会缴枪。然而，被军国主义思想所毒化的日军却垂死顽抗，我十一位勇士在“捉活的”的口号声中倒下了，其中牺牲两人，残敌趁机突出包围，仓皇逃走。后来，这位指挥员每当谈及此事，都黯然地低垂着头，感到对不起牺牲的战友。但这场伏击战，我们终究是胜利了。核点战绩，毙敌五十余人，缴获十多支步枪及一些弹药等军用品。长生口战斗的胜利，鼓舞了三八六旅指战员的士气，接着，又连续在东石门、马山村、七亘村，给进犯的日军以沉重打击，创造了四战四捷、歼敌一千余人的巨大胜利，同时解救了旧关被围之国民党军队。我们刘师长还特意把几次战斗中缴获的日军战马、军刀、大衣等战利品，送给国民党第二战区副司令长官卫立煌一部分，卫立煌亲自点验过目，敬佩不已，对身边的将领说：“还是八路军机动灵活的战术好，接连打了好多场胜仗。”

时隔四个月，我们又重返首战告捷之地，欢欣自豪之情，再创日军之志无不溢于言表。可是，沿途村庄断垣残壁，瓦砾成堆，景象大变。原来是连遭我军沉重打击的日军，活像一群疯狗，每进一村，枪杀群众、烧毁房屋、奸淫妇女、无恶不作。饱受日军残害的群众见到我们，欣喜万分，奔走相告，说是打胜仗的部队又为他们复仇来了。不用群众说，我三八六旅指战员早已怒火中烧，恨不得立刻为受苦受难的人民群众报仇雪恨。

复战长生口这一仗简直就是一次周密的军事演习。我们的刘伯承师长在一次全师干部会议上说：“我们是战术的创造者，我们要打击敌人的弱点。可是倘若敌人并没有弱点，应怎么办呢？那么就给敌人制造弱点。”当时，长生口东边的井陉驻有大部敌人，西边旧关驻有两百多个敌人，倚仗坚固工事，死守据点。表面看来，并没有多少弱点。怎么给敌人制造弱点呢？刘伯承师长是这样部署的：用七六九团的兵力佯攻旧关，对敌人实施包围，但并不切断敌人的电话线，让他们向井陉的敌人求援，迫使井陉的敌人不得不走出据点，向旧关增援。一旦敌人出了据点，在行进中便造成了弱点。这样一来，连消灭敌人的地点都由刘师长指定好了，就在我三八六旅初战告捷的地方——长生口。

恰好就在与第一次战斗相隔四个月的1938年2月22日拂晓，长生口第二次伏击战打响了。七六九团一部袭入旧关，将日军碉堡包围，驻井陉的日军果然中计，急忙出动两百余人乘八辆汽车赶来增援。早晨6时，这股敌人进入我长生口伏击区内，七七一团和七七二团突然发起攻击，经过五小时的激战，毙敌警备队长荒井丰吉少佐及以下一百三十余人，俘敌人数名，缴获步枪五十余支，八辆汽车被我炸毁五辆，剩下的三辆，载着少数残敌窜向井陉逃窜。

我们取得了复战长生口的胜利。陈赓旅长在自己心爱的日记本上记述了这次战斗：“我们凌晨1时出发。山路崎岖，冷风刺面，但均衔枚疾走，勇气百倍，到达红土岭时，东方尚未发白。拂晓前开始部署。4时许，旧关发生激烈枪声，知七六九团已到，开始袭击了。时至6时，尚未见敌援兵到来。正在焦急之际，忽然前面传来枪声，这时候真有一种说不出的痛快。敌人两百余人，一部乘车，一部行军。我军突然开火，敌先头第一部汽车即被我击坏。”

三八六旅在长生口“旗开得胜”，复战又捷。尤其是第二次伏击战的胜利迫使日军不得不调集更多的兵力来对付我们，从而钳制了日军向晋南的进攻。复战长生口的胜利消息，很快传遍了附近饱受日军蹂躏的村镇，群众箪食壶浆，热烈欢迎子弟兵，踊跃参加祝捷大会，争看战利品和被俘的日本兵，人民群众的抗战热情更加高涨。

（本文由八路军太行山纪念馆供稿）

町店奇袭

文/韦　杰　冯志湘

韦　杰

韦杰（1914—1987年），广西东兰人，壮族。1929年参加中国工农红军，1933年加入中国共产党。历任排长、连长、营长、团长、师长、纵队司令员、军长、成都军区副司令员。1955年被授予中将军衔，荣获二级八一勋章、一级独立自由勋章、一级解放勋章。

1938年4月，我八路军第一一五师三四四旅，在参加粉碎日军对晋东南地区的九路围攻之后，来到了长治一带进行整训和扩兵。

长治位于山西省东南部，原为国民党军驻守，后沦入敌手。我军的到来，给长治人民带来了希望。经我军广泛宣传发动，广大青壮年积极报名参军。仅两个多月，我旅就扩充兵员三千多人，壮大了我军的力量。同时，广大指战员刻苦进行以投弹、射击和刺杀为主要内容的军事训练，随时准备惩罚日军。

就在我们的整训工作搞得热火朝天并取得显著成绩的时候，国民党军卫立煌部准备反攻侯马的日军。为了配合他们的行动，6月30日，师部命令我们到町店附近设伏，打击由晋城开往侯马的援敌。接受任务后，旅长徐海东、政委黄克诚亲自率领六八七团（团长田守尧）、六八八团（团长韦杰）和新兵营组成的一个加强支队，从长治出发，经高平往町店进军。

这一天，骄阳似火，热得人们透不过气来。大家的衣服都被汗水浸透了，但指战员们仍顽强地向前行进。不一会儿，乌云遮天，电闪雷鸣，倾盆大雨哗哗地下了起来。同志们依然斗志昂扬，顶风冒雨，踏着泥泞的道路直奔町店。途中渴了，捧把路边的积水解解渴，脚打泡了，咬着牙坚持。就这样，一昼夜行程一百多公里，于7月1日夜里到达阳城以北的町店北山。我们同当地党组织和区、村干部取得了联系之后，很快就安排好了宿营地。旅部驻苏家岭、善后岭等村，六八八团驻柏坑堆、孔家沟等村，六八七团驻张山等地。

通过实地观察，我们发现这一带真是打伏击的好地方。町店南北是山，一条不算宽的公路在两山之间沿町店向东西延伸。敌人要通过这里，我们无论占据南北哪一个山头，都能居高临下，打他个人仰马翻。

部队宿营后，我们接到师指挥所一个通报：日军第一〇八师团的一个联队，将从晋城出发，路过町店去侯马，预计最近几天便会到达。并要我们迅速做好伏击准备。徐海东旅长当即召开营以上干部会。他强调说，日本侵略军自恃装备优良，必然骄横麻痹。我们要利用这一点，把工事构筑在距大路两百米甚至一百米处，隐藏在敌人的鼻子底下，打它个措手不及。接着，他做了具体部署：六八八团一营，沿土地庙、西冯庄、薛家岭到王家庄、沁河渡口一带伏击，以切断日军退路，阻击东路援兵；三营往西到山口和晋豫边游击队配合切断日军西进道路；二营在义城柏山、柳沟一带修筑工事，准备正面伏击；新兵营的一连驻窑堂，二连驻龙王、后岭，三连驻石旺沟、富家坪、山庄一带，待战斗打响后，迅速到五龙沟西山集结，准备增援六八八团二营伏击敌人，六八七团待命增援。

7月6日，天气依然很热，太阳把人烤得火辣辣的。草丛里，同志们伏在潮湿的泥土上，目不转睛地注视着前方。一些不知名的小虫子，不时地骚扰着大家，不是叮脸，就是咬脖子，又疼又痒。啪！不知是谁，用手把一只小虫子拍死，嘟哝道："我们打鬼子，你有意见？""不！"一个战士接上说，"它是提醒咱们不要睡觉，别把日军放走。"两人的对话，逗得大家忍不住发出嗤嗤的笑声。顿时，同志们情绪为之一振，注意力更加集中了。

大约到了上午10点钟的光景。负责正面观察的同志突然压低嗓门对六八八团二营营长冯志湘说："营长，你看，来了。"冯志湘顺着手指的方向望去，敌人果然"大驾光临"了，五十辆汽车载着步兵，和骑兵部一起气势汹汹地从晋城方向扑来。瞧他们那如入无人之境的样子，根本没有料到我们会在这里打他们的埋伏。当他们的骑兵过后，汽车进入我二营正面伏击路段时，这些家伙竟午休起来。有的钻到汽车底下睡大觉，有的坐在树荫下打盹，更有甚者，脱光了衣服跳到路边的河里洗起澡来。是时候

了，冯志湘把手枪一挥，令全营利用地形地物做掩护，迅速向敌人靠近。五百米，三百米，一百米，距离敌人越来越近了。就在这时，在旅首长的指挥下，六八七团二营向尾部敌人开火了，枪声、喊杀声响成一片。六八八团二营的同志们也一跃而起，猛虎下山般地冲入敌群。日军被这突如其来的阵势吓得慌作一团，不知如何是好，有的东瞧瞧、西望望，仿佛是在等候他们上司的命令。“杀啊！”同志们边喊边奋勇冲杀，稍远一点的用枪打，距离近的用刺刀捅，用梭镖扎。顿时，敌人一个个倒了下去。五连三排有个外号叫“傻大个”的战士，平时不大说话，打起仗来也不吱声。他紧闭着嘴，瞪着眼，奋勇杀敌，有一个日本兵从汽车底下钻出来，拼命到汽车上面去摸枪，“傻大个”赶上去，照他后背上就是一梭镖，这家伙“啊”的一声，倒在地上就再也不动弹了。

最令人痛快的是那些在河里洗澡的日军，见我们冲来，一个个赤身裸体地往岸上爬。不过，他们的动作太慢了，前头的刚离开水面，就被刺刀捅死；后面的见势不妙，调过头来往回游，但是他们哪能赛得过子弹的速度！一阵枪声过后，大都葬身于河水之中。当被打得晕头转向的日军清醒过来时，就拼命进行反扑。这时，再打下去，对我们就不利了。于是，大家边打边撤，很快撤到了町店北边的松树岭上。从出击到撤回，只用了半个小时，仅六八八团二营就打死打伤敌人一百余人，缴获了大量的步枪、机枪和子弹。

当我们撤到松树岭不久，敌人又组织残兵，调集步枪、机枪、小钢炮等所有武器，一齐向我阵地开火，顿时沙石横飞，迷得睁不开眼。我们则利用山沟、田埂做掩护，狠狠地回击敌人。六连连长郭本银素有“神枪手”之称，一百米之内枪响靶落。此时，他隐蔽在一块大石头后面，不慌不忙，一下一下地扣动着扳机，随着十声枪响，十个敌人应声倒下。日军急眼了，一个军官举着指挥刀，呀呀地驱赶着日本兵继续往上冲。“好啊，不怕死的就来吧！”郭连长换上弹夹后又射击，敌军官挺了几下肚子，倒下了。日军士兵见自己的上司被打死了，便一股脑儿退了下去。就这样，敌人冲上来，被我们打下去，再冲上来，又被打下去，一直到下午7点，敌人先后向我发动六次冲锋，始终没冲上我们的阵地。

就在这时一队人马从六八八团二营的后侧飞速而来。原来是六八七团二营的同志们，走在最前头的是营长蔡家永。只见他肩扛一支崭新的三八式大盖枪，腰里还挂着一束无柄手榴弹，很显然，那是缴获的战利品。

“怎么样，老蔡，你那里打得不错吧？”坐定后，冯志湘问他。

“不错，挺过瘾。”蔡营长抹了把满是尘土和烟灰的脸，讲起了他们的战斗情况。

原来，尾部敌人在他们营的打击下，死伤严重，不得不向中间的敌人靠拢。敌变我也变，蔡营长他们就赶到这儿来了。“好！”听了他的介绍，冯志湘高兴地一拍大腿，“老蔡，咱就来个合作，共同收拾这些家伙。”最后决定：蔡营长带他们营向右运动；六八八团二营五连向左运动；冯志湘带领一部分人员仍然负责正面反击。部署就绪，单等敌人再来。

傍晚时分，夕阳落山了，给大地洒

韦杰等抗日战士

下了一片余晖。战场上，硝烟随风飘散，不时送来一阵阵刺鼻的火药味。同志们一边啃着发硬的馒头，一边注视着敌人的动静。

呼，突然，一发炮弹在不远处落下，炸起的石块沙土呼啸着向四处飞散。紧接着，一发发炮弹铺天盖地而来。“有本事就枪对枪、刀对刀地干，打炮算什么本事！”我们心里虽然这样想，但真恨自己手里没有几门炮，不然也叫敌人尝尝炮弹的滋味。炮火一延伸，敌人又蜂拥而来。这次，我们考虑到左右两侧都有部署好的部队，所以故意把敌人放得更近一些。二百米、一百米、五十米，就在先头敌人距我六八八团二营不足三十米时，我们的手榴弹“发言”了。一颗颗的手榴弹，雨点般地飞入敌阵。与此同时，左侧六八八团五连的同志，右侧六八七团二营的蔡营长他们一齐开火了，顿时，机枪声、步枪声以及手榴弹的爆炸声，响成一片。敌人被打得血肉横飞，如同无头苍蝇一般四下乱窜。就在冯志湘将要下令反冲锋时，突然，一发炮弹呼啸而来，正好落在他的身体旁，特派员何传州同志当场牺牲，冯志湘也负了伤。望着何特派员那血肉模糊的身躯，同志们难过极了。多好的同志啊，平时，他总是默默无言地帮大家做各种事情，可牺牲前，连句遗言也没留下。大家牙齿咬得嘣嘣响，一颗颗预先打开保险盖的手榴弹，狠狠地向敌群砸去，随着“轰隆隆”的爆炸声，敌人又死伤一片。在同志们的英勇还击下，敌人的第七次冲锋又被打退了。

这时，负责这次战斗的总指挥徐海东旅长来到六八八团二营。他看到冯志湘同志负了伤，便亲切地说：“你受伤了，快，快下去休息。”徐旅长一边说，一边朝两位战士招招手。尽管冯志湘想竭力坚持，但毕竟因伤势过重没有劲了，被两个战士架了下去。后来，在徐旅长的亲自指挥下，我们又打退了敌人第八次冲锋。屡战屡败的敌人，见大势已去，便竞相逃命去了。

这次战斗，我们共歼日军五百余人，俘虏四人，缴获重机枪八挺、轻机枪三十挺、步枪九百余支、掷弹筒一百余具、82炮十五门、60炮十六门、战马一百三十余匹，焚毁敌汽车二十余辆，缴获其他军用物资一大批。这一仗，壮大了我军的声威，鼓舞了全国人民战胜日军的信心。更为直接的是，由于重创了这股日军，迟滞了日军向侯马方向的增援行动，有力地支援了国民党卫立煌部的侯马之战。

（本文由八路军太行纪念馆供稿）

血染芒砀山李黑楼

文 / 谢胜利

1940年3月中旬，新四军六支队一总队在总队长鲁雨亭、政委孔石泉的率领下，以巍巍芒砀山为依托，纵横驰骋，打击敌伪，在不到半个月的时间里，就毙伤日军佐野联队长、北山大尉以下日伪军一千五百余人。一向骄横跋扈的日军在芒砀山麓连连损兵折将，气急败坏，遂纠集三千余名日军，数千名伪军，于1940年3月底开始对芒砀山区进行报复性“扫荡”，妄图一举歼灭一总队。

敌军在完成了对芒砀山的包围之后，于4月1日晨8时，向驻该地的一总队发动全面进攻。山城集四周炮声隆隆，硝烟滚滚。一总队领导研究决定：避开敌之锋芒，跳出包围圈，到外线与敌作战，并命令分驻附近村庄的一团和二团与总队部协同作战，有计划地向山外转移。随后，鲁雨亭、孔石泉率总队部、特务连、侦察连和二团之一部离开山城集，沿王引河向南转移。刚到李黑楼东南侧，突遭占据王枣园的日军主力一部的猛烈阻击，部队被压在河床上。日军六辆坦克炮不停地射击，发发炮弹在河床上爆炸，硝烟滚滚，弹片横飞，情况非常危急。这时，鲁雨亭临危不惧，命令部队迅速抢筑掩体，减少伤亡。突然，一块弹片飞来，击中了他的鼻子，鲜血直流，染红了他的胡须。战士们劝他休息，他坚决不肯，只简单包扎一下，便继续指挥战斗，力图摆脱被动的局面。但敌人火力强大，压得部队抬不起头来。参谋长许遇之、参谋张卫民等六人又先后负重伤。在此紧要关头，只见警卫连副连长葛庆之趁敌炮击稍缓之际，抱起一挺机枪，冲出掩体，向敌机枪火力点猛烈扫射。敌人的火力点一个个被打哑，火力一时弱了下来。鲁雨亭率部队乘机迅速冲出河床，抢占了河西岸的李黑楼村。

李黑楼是芒砀山西南脚下一个不大的村庄，但四周有寨墙、寨壕和四通八达的“抗日沟”。村东南有一小石桥，是出入该村的要塞。鲁雨亭和孔石泉部署部队暂守李黑楼。鲁雨亭亲自带部分兵力守卫村东南，并派参谋朱浩带五名战士占领小石桥，构成阻击敌人的前沿阵地。孔石泉率部防守村北，参谋鲁健率二团二连守卫村西南角，遭北面敌人围堵也撤至李黑楼村内的萧县洪河大队守卫村西北角，配合作战，伤员暂避村内。

鲁雨亭部刚刚进入各自阵地，日军已气势汹汹地向李黑楼扑来。面对敌众我寡的严峻局面，鲁雨亭一面指挥部队利用临时抢修的简单工事阻击敌人，一面连续派人通知驻守柿园的副总队长兼一团团长刘子仁率部配合作战，接应总队部突围。但此时的刘子仁面对日军对他的进攻仅仅稍加抵抗，已自行率一团

鲁雨亭

主力沿碱河向北撤走，二团团长杨鹿鸣率领的一个营也是和敌方接火不久就撤出战斗转移，敌人将全部兵力集中投入围攻李黑楼的战斗。撤至李黑楼的一总队官兵已陷入十余倍敌人的重重包围之中。

午后，敌集中炮火猛轰李黑楼前沿阵地，步兵从西南、东南两面发起试探性进攻。守卫村西南前沿阵地的一总队二团二连一度被压下阵地，但他们又拼死夺回。坚守村东南小石桥的六名战士与二连构建起交叉火力网，也打退了敌人的几次进攻。

在久等援兵不到，进村通道又被打开的情势下，鲁雨亭已感到事态严重。但为了鼓励战士，他仍站在前沿阵地上，举着已打得发烫的二十响驳壳枪，头上的绷带已被鲜血染红，声音嘶哑地高喊：“同志们！我们一定要坚守阵地，决不能让敌人再前进一步！当年我抛家弃官，同志们离家别亲，不就是为了抗日打鬼子吗？现在能真正打鬼子了，我们一定要狠狠打！人在阵地在，就是死在这里，也不能丢掉阵地！”指战员们在他的激励下，群情激昂，齐声应道：“我们愿和总队长生死与共，打退敌人，保住阵地！”鲁雨亭遂又组织反冲锋，战士们像猛虎一样冲向敌人，终于又夺回了小石桥阵地。

鲁雨亭指挥部队经过将近一天的浴血奋战，先后击退了敌人七八次进攻，击毙敌人三百余人，迫使敌人暂停进攻，驻扎王枣园休整。但鲁雨亭自己的部队也伤亡惨重。连长李俊峰等一百三十四名同志壮烈牺牲，参谋长许遇之等九十余人负伤，剩下能够继续战斗的仅几十名指战员，但他们也已是一天滴水未沾，弹药消耗殆尽。

下午5时左右，敌人又一次向李黑楼发动进攻。这一次，敌人为了减少伤亡，先大量施放烟幕弹，用烟幕掩护步兵进攻，李黑楼阵地顿时为浓浓的烟幕所笼罩。面对此情，鲁雨亭和孔石泉紧急磋商，决定将计就计，也利用烟幕掩护，撤出战斗，向东突围，以便保存革命力量。鲁雨亭让孔石泉率大部分人先行突围，自带小部分人殿后掩护。待孔石泉率领二十余人钻入浓厚的烟幕向东突围后，鲁雨亭也率部突围。但此时烟幕正逐渐稀薄，他们在东门外向东翻越路沟时，被已冲进村庄的敌军发现。敌人用机枪向突围部队猛烈扫射，鲁雨亭不幸身中七弹，倒在路沟边。他顽强地用胳膊支撑起身体，想重新站起。战士们也急忙跑过来救护。只见他挥动了一下手，轻轻地嚅动着嘴唇，用尽全身力气喊了一声："共——产——党——万——岁！"便倒在了殷红的血泊中。

此时，奉命赶来增援的新四军萧县总队等部也向敌人发动猛烈进攻。疲惫之敌经不住冲击，阵脚大乱，丢盔弃甲，拉了几车尸体，狼狈逃窜。芒砀山奏起了新四军胜利的凯歌。但是，视死如归的抗日民族英雄、芒砀山人民忠诚的儿子鲁雨亭及一百余名抗日志士在此战中壮烈殉国，这是党和人民的重大损失。

（本文由中共商丘市委党史研究室供稿）

罗板铺伏击日军

文/叶健升　陈　超　许春媚

日本帝国主义的铁蹄践踏海南后，由中国共产党领导的琼崖抗日队伍，便义无反顾地投入艰苦卓绝的民族解放战争中，以血肉之躯捍卫民族的尊严，捍卫我们的土地。1939年9月2日，我琼崖抗日独立总队集中优势兵力，在琼山罗板铺伏击日军的运水车，取得首次全歼敌人的胜利。

1939年8月，为了遏制我抗日队伍在琼山咸来、道崇一带的活动，日军在道崇修建了据点并派重兵驻守。我军则广泛发动群众，将据点附近的水源全部破坏掉，使敌人不得不每天派军车从三江墟运水，随车还配备一挺轻机关枪和十来名日军押运。

在日军出动“扫荡”时，为了掩护群众及时躲避和撤离，党组织在各处山坡上都安排有人放哨，敌人一出据点，就将各处的哨杆、哨树放倒，各地群众一看见信号就开始撤离。经过一段时间的侦察，琼崖抗日独立总队第一大队掌握了日军这辆运水车的活动规律：每天下午4时许，送水后都经过龙板山返回三江。

1939年9月2日，在琼山罗板铺地区群众的配合下，琼崖抗日独立总队第一大队和第二大队的第五中队一百多人，在黄大猷大队长的率领下，进入罗板铺公路西侧高地（龙板山）伏击日军运水的军车。

下午4时许，日军的运水车果然沿着坡路开来，进入了我军的伏击圈。我军以猝不及防之势投出手榴弹，密集的子弹也同时射向日军。约半小时，我军就胜利结束战斗，全歼敌军十来人，焚毁敌军车辆并缴获轻机关枪一挺、各类长短枪和弹药一批，我参战将士仅轻伤两名。

罗板铺战斗，是琼崖抗战初期我军集中优势兵力歼灭敌人，大获全胜并夺得第一挺机枪的一次战斗。次日，独立总队在琼山吴浪村召开了祝捷大会。9月9日，国民党琼崖守备司令王毅也为此传令嘉奖我军，并发给独立总队一批枪支弹药。

（本文选自海南新闻网）

为义勇军送军饷

文/松　伟

我叫松伟，原名崔素贞，1921年3月29日出生在吉林磐石烟筒山镇。我父亲叫崔芳洲，是磐石一所高小的校长。母亲崔李氏，是位家庭妇女。1931年9月18日，日本帝国主义侵占东北，我的一家和东北三省的数千万同胞成了亡国奴。那一年我还只有十岁。但我从那时起，就在地下党组织的影响下，积极投入到了抗日救亡的斗争中，成为革命队伍里的一名女兵。

1931年我在磐石女子学校上二年级。一天，我们正跟着老师念课文：

铁匠说，叮当响，打铁声，打成锄头把田耕，世上能人多般巧，没有锄头你耕不成。

农民说，你打锄头我种稻，大家交换多少好，任你铁匠多聪明，没有饭吃你肚不饱。

……

突然，日本军队向县城里打炮，教室里的墙被震得直往下掉土，课堂里顿时乱了起来，同学们先后往学校外面跑。来到大街上，看到城里的人们也乱了，大家都惊慌地往城外跑。我们就随着人们往城外跑。当我跑到北门外时，遇到了我的表哥王勤，我俩商量先去找我的父母。找到父母后，我们随着父母一起跑上缸碴山。

到了缸碴山，我们找到了杨靖宇的部队，见到了杨靖宇。他中等个儿，身材魁梧，长方脸，身着老百姓的衣服，带着河南口音。他亲切地摸着我的头问我们从哪里来，父亲说是从城里来，并告诉他日本军队已向城里打炮。杨靖宇听后说，日本侵略军占领了我们的家乡，杀害我们的同胞，使我们有家不能回，成了亡国奴。要想不当亡国奴就得拿起枪抗日，打击日本侵略者。我们听了杨靖宇的话后，表示坚决不做亡国奴，愿意参加抗日。

当天我们就在缸碴山我母亲的三舅家住下了。母亲的三舅姓乔，名字记不清了，是个秀才。他把日本军队如何侵占东三省、如何杀害蹂躏同胞等侵略罪行以及义勇军如何抗日的材料写出来作为传单，我就跟着一些战士拿着这些传单到附近村子里去做宣传。我那时年龄虽小，可胆子却不小，什么都想学，看见杨靖宇的警卫员骑马，我也跟着学。学会了，就骑着马到各村去做宣传工作。

那时的缸碴山上有好几个鹿圈子，养了好多的鹿，所以缸碴山也叫鹿圈子。为了不让日本人夺去，杨靖宇下令把圈子里的鹿都放掉。这下满山跑的全是梅花鹿，可好看了。

杨靖宇部队的九支队司令员罗明星（绰号三江好）当时没有秘书，由王勤的父亲（名叫王四，是我父亲的表哥，是

地下党，平时以卖豆芽菜为生）介绍，让我父亲做了罗明星的秘书。

为筹集义勇军的军饷，杨靖宇和罗明星决定派我父亲到北平建立联络点。于是，1932 年春天，我们一家三口从东北来到了北平，住在东北民众抗日救国会，即东城区石雀胡同 8 号。父亲给救亡总会当文书，每个月发给他二十元生活费。

由于父亲一直与地下党组织保持联系，我的家就成了地下党组织的一个联络点，有许多地下党员和进步人士都到我家开会或住宿，其中有阎宝航、李向之、赵濯华、肖丹峰、杨志臣和宋原等。我那时才是十多岁的孩子，他们开会时我就在门口给他们放哨。

1933 年 4 月 12 日，由杨靖宇部队第九支队政委曹格飞和东北人民抗敌会负责人李向之（也是东北特别支部书记）介绍，我加入了东北义勇军青年抗日先锋队，在杨靖宇部队的第九支队做交通员，那年我十二岁。以后，李向之就经常找我做些送信等工作。如东北难民多次向国民党政府请求抗日、发放军饷等的信都是由我送到邮局寄出；李向之与东北军六十三军军长宫占海的联系也是让我到他家送的口信。

为了给义勇军筹备军饷，父亲和肖丹峰曾多次受托写信给国民政府，要求政府把每年东三省上缴国家的钱中超额的部分返还给义勇军。这些信都是由我带到邮局用挂号寄出去的。几个月后，在于右任的帮助下事情终于有了希望，这笔军饷批下来了，寄到我家，由李向之和肖丹峰到邮局取回。

然而，如何将这笔钱送到义勇军手中成了一个大问题。经李向之和曹格飞商量，决定由曹格飞和我一起将军饷从北平送到山海关地下党接头地点——悦来栈。让我装扮成有钱人家的小姐，然后把钱藏在身上。于是，母亲专门为我做了一件绿色法兰绒大衣和一件紫色旗袍。旗袍里面穿一身棉衣、棉裤。为了藏钱，先把钱分成两份，一份是银圆，另一份是纸币（中央票子）。由于新的纸币容易发出声音，而旧的纸币又容易被撕裂，所以事先都换成八成旧的纸币。母亲先把银圆每五块为一摞，用线紧紧地缝在两个长条的布袋上，就像子弹袋一样，然后将这两个布袋缠在我身上，固定好，身体活动时没有一点声音。再把纸币缝在大衣、旗袍、棉衣、裤里。那时，我年龄虽小但个子高，这样我一身都装满了钱。曹格飞也装扮成一副阔老板的样子，他的衣服里也带了钱。父亲看着我一个女孩子，小小年纪就要走远道，心里很不是滋味。

准备了几天后，在 1934 年 12 月 24 日我们登上了去山海关的火车。事先曹格飞叮嘱我说，如果发生意外，就说我是被雇来的，什么也不知道。一路上我俩以父女相称，买了一个包间。进了包间，我先把大衣和旗袍脱下挂起来，因我这一身都是钱，活动不方便，只好躺在铺上。曹格飞的穿着也很讲究，一身深蓝色的缎子袍，外面套了件黑马褂，两边口袋里还装了钱，故意露出一个角。为了应对敌人的检查，我们还特意在桌子上放了好多大信封，分别写给某某署长、某某警察局长等。在路过唐山时我们买了两只烧鸡。车开后，一个宪兵和两个警察进来搜查，曹格飞忙着上前给他们点烟。我一看情况不好，一边抽着烟一边撒娇，躺在铺上吵闹着非要吃烧鸡不可。曹格飞就笑着送了他们每人一包烟，宪兵先朝我看了一眼，又看了一下桌子上那些大信封，再看了看整个包间，没说什么，拿了烟就走了。这样，我们顺利地在25日到了山海关，由地下党把我们接到悦来栈，把钱（两万多元）交给了一位姓李的先生。

我要赶回去，而曹格飞因有事不回北平了，所以只有我一个人走。为了避开火车上见过我们的宪兵和警察，他嘱咐我到26日再走，到了北平后在丰台下车，然后坐马车回家。这样我一个女孩子在26日乘上了去北平的火车。路上我想快过年了，应该给父母买点礼物。于是，在路过唐山时我又买了两只烧鸡带上。快到北平时我就按照曹格飞说的在丰台下了车，坐马车回家。回到家，父母亲看见我平安地回来了，都非常高兴。

这是我一生中做的第一件大事。

（本文选自《纵横》）

熬盐迎亲人

文/孟　瑜

红四方面军强渡嘉陵江以后，经剑阁、中坝、北川等地，向懋功进发。这时部队遇到的困难愈来愈多，路难走极了，粮食吃光了，连盐巴也成了问题，一连半个多月，天天是白水煮野菜。由于缺粮缺盐，战友们日益消瘦，有的还患了浮肿病。红军总医院宣传队里年龄最小，外号叫“小地牛”的姑娘杨秀春说：“现在能给我吃一粒盐花，该有多痛快呀！”

1935年6月上旬，部队到达茂州。上级指示，要做好与中央红军在懋功会师的准备工作。听领导讲：中央红军已转战快一年了，部队很苦。上级要求红军总医院宣传队的同志多筹些粮、盐，准备在会师时送给中央红军老大哥，解决他们的困难。

宣传队的同志一到宿营地，立即分组去筹粮、筹盐。由于军阀、土司头人的反动宣传，在红军未来之前，群众都跑到山上去了。同志们转了大半个村子，连个人影都没见到。看得出，这里老百姓的日子也是苦得不能再苦了。大家帮助群众整理家园，一家一户地挑水扫地，一直忙到天黑。当同志们来到村尾时，发现从一间破屋里射出一丝昏黄的灯光。

“有群众！”大伙儿高兴得几乎叫出声来，跑进屋去，只见一位藏族老人正慌慌张张地收拾桌上的一个小瓦罐。

“盐！”走在最前头的“小地牛”惊喜地叫道。

大伙儿凑上去，只见瓦罐里果然盛着半罐雪白的盐，宣传队李队长用商量的口气对老人说：“老大爷，我们是红军，路过这里，已经好久没吃盐了，请卖给我们一些吧。”藏族老人紧紧抱着瓦罐，一声不吭，用慌张而愤怒的眼神盯着大家。

李队长掏出几块银圆，指着老人手中的盐，比画又说了一阵，老人仍不开口。忽然，他一转身，抱着瓦罐出了房门，走了。

大家都感到很扫兴。这时“小地牛”叫了一声，原来她看到桌子上有一小撮盐花，那是老人刚才不小心撒落的，“小地牛”小心翼翼地把盐花收拾起来，用纸包好，准备带走。

“放下！”李队长严厉地制止她，并把包盐的纸包放回桌上。随即领着同志们打扫老大爷的房子。房子破烂不堪，四面透风，西墙快倒塌了。大家找来木料和草，七手八脚地修了起来。

这天，其他小组也没筹到粮和盐，同志们照旧吃白水煮野菜不要紧，可为中央红军筹不到粮和盐怎么办？大家个个心急如焚。

天淅淅沥沥下起雨来。夜里，战士们有的蹲在老乡的屋檐下，有的背靠背坐在大树下睡觉。我和“小地牛”紧紧依偎在一起，很快就进入了梦乡。在蒙眬中，我看见一个白胡子老爷爷，捧着一钵白花花的细盐送给红军，大家高兴地喊道：“迎接中央红军有盐了！”炊事员老张用商量的眼光看着李队长，悄悄地在钵子里抓了一小把盐，给大家煮了一大锅苞米粥，规定每人至少要喝三碗。大伙吃着有盐的饭，那滋味真香啊！突然，集合的哨声响了，打断了我的美梦。

我把做梦的事情告诉“小地牛”，她忽闪着大眼睛说：“这是吉兆，懂吗？就是说，我们真的会有很多盐的！”第二天，有几个老乡悄悄回村来探虚实。他们发现红军不但没有拿他们的一针一线，还把村子打扫得干干净净，便消除了怀疑，把山上的群众陆续叫了回来。那位藏族老大爷带着一位通司（翻译），找到宣传队，硬要把半瓦罐盐送给红军，说：“红军‘耶莫耶莫（好）’！”李队长执意不肯收，老大爷又告诉队长，离这不远的白云山有一种白石头，缺盐的年月当地百姓用它熬过盐，只是味道有点苦涩。

队长一听乐了，详细地了解了有关熬盐的方法。上级听了李队长汇报后，决定部队在茂州休整，就地开展筹粮熬盐活动。

部队向群众借来铁锤、筐子。藏族老大爷等几位乡亲主动跑来当向导。白云山，白云缭绕，耸入苍穹。登上白云山，好像来到飘飘忽忽的仙境。在藏族老大爷的指导下，大家找到了那种石头。“小地牛”举起铁锤敲下一块，放在嘴上舔了舔，大叫起来：“啊，真有咸味！”又见她皱着眉头认真地品尝了一会儿，肯定地说：“啧，一点不错，和盐一样！”

大家很高兴，纷纷挥锤敲打“宝石”。顿时，高山上响起一片“叮叮当当”的声音。起初，大家很有劲，“叮叮当当”的锤声连续不绝。时间一久，同志们体弱腹空，渐渐支持不住了，敲击声慢慢稀落下来。我感到胳膊发酸。“小地牛”见我没有力气，调皮地说：“到底是女孩子，这点能耐都没有。我告诉你一个法子……”说着，她拿起一块石头舔了舔：“这么一来，保准你就有劲了。”

这时，李队长也鼓励大家说：“同志们，中央红军已挺进到夹金山，快要和我们会师了。我们多加一把劲，多熬一些盐，送给中央红军！”

当大家想到缺盐的情景，想到即将要和盼望已久的中央红军会师，劲头就上来了，那“叮叮当当”的敲击声，又回响在整个山谷。

太阳落山时，同志们每人背了满满一筐小石块回到宿营地。当晚，大家不顾一天的劳累，以班为单位，生火熬盐。我和“小地牛”轮流烧火，那红红的火光映得脸上熠熠生辉。藏族老大爷这边看看，那儿转转，忠实于“技师”的职责。

约莫熬了一个多钟头，锅边上起了白色的盐花，“小地牛”拍手高喊：“快看啊，我们的盐熬出来了！”

李队长闻声说道：“别放马后炮了，我们的盐比你们熬出来得早！”

“小地牛”不服气，跑去一看，伸伸舌头：“哟，真的呢！不过，你们的石头肯定是我敲的，这才熬得快！”她的话说得大伙儿都笑了起来。

宿营地沸腾了！同志们像打了胜仗一样，围着锅灶，议论着，说笑着，有的还唱起了《妹送阿哥当红军》的歌曲。这一晚，大伙通宵未睡，全队熬出了好多雪白雪白的盐。

接连几天，同志们白天上山敲石头，夜晚生火熬盐。一钵钵的白盐，全部集中起来，准备送给中央红军。我和“小地牛”也悄悄地用荷包装了两包最细最白的盐，准备与中央红军会师时作为送给亲人的见面礼！

（本文选自《星火燎原》）

红军当年经过我家乡

文 / 石生选

我的家乡在革命老区——宁夏盐池县南部山区一个偏僻小村。1936 年，红军西征经过我的家乡，留下了许多鲜为人知的趣事。

红军“四字牌”

红军初来乍到，除了长途行军作战所带来的疲劳和补给极度困难之外，就是人员、牲畜都口渴难耐。盐池这一带常年干旱少雨，素有“宁给一碗油，不送一碗水”的说法。红军大队人马到此地时遇到的最大困难之一就是缺水。

据老人们回忆，村子里仅有的一口水井站了双岗，每人只能发一小碗浑浊不清的井水，且又苦又涩。虽然这一年西瓜大获丰收，可西瓜再多，也是杯水车薪，限于当时的条件，红军将士也不可能以瓜代水解渴。据说有一个老汉有沿路好几十亩瓜田的西瓜，几日下来被红军买得所剩无几。虽然买卖公平，老汉倒也乐得很，但他也有难处，原来家有老母，想留下一些西瓜孝敬老人。但老汉对红军不了解，不敢拒绝前来买瓜的红军。正在为难之际，他看到一位貌似红军的大人物，就吞吞吐吐地讲了心里话。这位红军首长当即吩咐人在老汉的地头立了一块木牌，顺手写了几个字匆匆离去。老汉看着屈指可数的瓜，半信半疑地摸着牌子想心事。别小看这几个字，要比今天洋洋几千字的大篇红头文件管用得多。只见一个又一个，一批又一批，一股又一股从此地经过的红军指战员只要看到这牌子，立刻转身返回，再不提买瓜的事儿。等到大队人马走完了，他怀着忐忑不安的心情又回来看瓜田，大吃一惊的是一个瓜都没少。老汉百思不解其意，于是顺手拔下牌子跑到识字先生那里让念念上面究竟写了些什么。先生告诉他：上面只写了四个很平常的字——不准入内。老汉明白了：红军说得到做得到，真是仁义之师。从此，老汉逢人便讲这件他从前从未遇到和听说过的稀奇事。一传十，十传百，乡亲们都好奇地摸着这块牌子赞叹不已。有的村民建议把牌子供奉到祖庙上，有的建议挂到宗寺里，作为镇村之宝。老汉叹了一口气说：“还是由我珍藏着，好教育我们的子孙后代！”

照价赔偿

还有使当地群众难忘的是红军视群众为亲人，不拿群众一针一线，损坏东西必照价赔偿，而且十分严格，广大将士严格地遵守着。以前，无论是中央军还是马家军损坏群众东西都是不屑一顾的，根本谈不上赔偿，群众也已习以为常，敢怒不敢言。据家父生前讲，我家祖上传下的一尊大柜甚是珍贵，令人称道的是那两只特大抽屉既美观又细腻，据说是檀木制作的，平素父亲谁都不让碰。那些马家军也许看上这两只抽屉大有用场，每次来后，都会顺手将里面的东西朝地下随意一扔，就拿着抽屉到外面当骡马盛草料用的器具。时间久了，再坚固的抽屉也难免被损坏，其中的一只有一侧被牲畜坚硬的蹄子踩掉一块。家父心疼极了，可又不能说半点反对的话。

红军来后，家父看到红军那救民于水火的革命激情和与群众鱼水情深的一幕幕情景，非常感动，主动抽出那对抽屉帮红军喂骡马，红军不答应都不行。事后，当细心的红军小战士发现抽屉有一缺口时，误以为是自己的骡马踩坏的，非赔偿不可。父亲再三解释是马家军所为才算了事。谁知这事又传到红军首长耳里，认为难以说清，坚持要赔偿。知道父亲不会接受，红军在临走时就悄悄留下一张纸条："照价赔偿所损抽屉之光洋贰元，请查收。落款：红军。"家父双手颤抖，心情非常激动，为此感慨万千，发自内心对天长叹，喊出了"仁义之师，胜利之师"的心里话。这件事传到乡亲耳中，大家都很感慨，悄悄传颂着这件事，甚是动情。

类似的事迹还有很多，我们从中可以看出当时红军是如何在极其艰苦环境条件下打开局面的。红军从一个胜利走向另一个胜利，靠的是长征精神，如果我们今天在实现全面建成小康社会这一艰巨历史重任下，能继续发扬光大这种精神，必将能更好地全面建设小康社会。

（本文选自宁夏网）

沂蒙"红嫂"——明德英

文/李开田

红嫂遗址处的雕像

明德英是我的妻子，在抗日战争时期，她曾用奶水救过八路军伤员，被人们称为沂蒙山区的"红嫂"。德英是个哑巴，她救护八路军伤员的事只好由我来转述。

明德英1902年出生在沂南县岸堤村一个贫苦农民家庭里，从小就过着苦难的生活。在她三十一岁那年，讨饭来到我们横河村，经人介绍与我结了婚。我也是个苦命人，家里既无土地又无房屋，靠给人家卖苦力挣口饭吃。结婚后，村里的人同情我们，就商议叫俺俩到一里外的王家河西岸去看坟，俺俩就住在坟地旁边的一个团瓢里，生活过得很艰难。

1941年，我们家乡来了八路军的队伍。这年冬天，日军对这里进行大"扫荡"。有一天夜里，驻扎在马牧池村的八路军山东纵队司令部被日军包围。由于

明德英

情况来得突然，司令部机关的一些工作人员未能全部撤离，一场包围与反包围的战斗打响了。

战斗进行到第二天中午，我和村子里的几位民兵把几名伤员送到北大山医院。回到家后，见一个三十岁上下的八路军战士躺在床上，德英守在他身旁。他脸色发黄，嘴唇干裂。德英看我有些纳闷，忙揭开被子，指着受伤战士的手臂和肩膀让我看，然后指了指他头上的帽子和身上的衣服，意思是说：我救的是八路军伤员。后来，那位受伤的战士向我叙述了事情经过。

这位八路军伤员姓徐，是个炊事员。这天上午，他冲出敌人的包围圈，跑到了马牧池村的王家河沿上。敌人发现了他，向他打枪。他机灵地钻进了俺家门前的林地，敌人紧追上来。那片林地很大，光坟墓就有几百座，苍老的柏树一棵挨着一棵，荒草有一人多高。徐同志在坟墓、石碑、树木间与敌人周旋了半个多小时，最后，被敌人打伤了。他忍着疼痛，朝北跑出了林地。

这个时候，德英正抱着不足一岁的儿子坐在团瓢门口的石台子上晒太阳，看见受伤的战士气喘吁吁地奔过来，她便迎了上去。徐同志急急地喊了声“大嫂”，德英指着自己的嘴摆了摆手，徐同

中国红嫂革命纪念馆

志见她是个哑巴，焦急地用手朝林地指了指。德英一下子明白了：后边有敌人追赶。于是，她一手抱着孩子，一手抓住徐同志的胳膊，把他拉进团瓢里。徐同志看到团瓢又窄又小，藏人很困难，怕连累了俺家，转身想走。德英急了，一把将他按倒在床上，用一条被子，从头到脚把他盖得严严实实，自己装出没事的样子，抱着孩子坐在门口石台子上。

过了一会儿，两个日本兵追了过来，朝团瓢里望了望，没有发现什么。当他们弄清楚德英是个哑巴后，便打手势问她看见一个受伤的八路军没有。德英毫不犹豫地朝西山指了指，两个日本兵信以为真，拔腿朝西山追去。看着两个日本兵走远了，德英返身进团瓢急忙掀开被子一看，吓了一跳，徐同志由于没有包扎伤口，流血过多，昏迷了。水，此刻急需救命的水。可是，水缸里的水用光了，怎么办？德英急得团团转。哇的一声，不满周岁的孩子啼哭起来，这一声哭提醒了德英：孩子要奶水吃，这奶水不是也可以……一想到这里，她的脸一阵红，眼睛慌乱地四下看，当她的眼光回到受伤战士那干裂的嘴唇上时，她毅然地解开衣襟，把奶头放到他的嘴边，奶汁一滴一滴地滴进徐同志的口里，他慢慢地苏醒过来。当时，战斗刚结束，有日军从这里路过。我和德英担心徐同志被敌人发觉，就商议着把他转移到林地一座空坟里，徐同志也同意了。

那座空坟没有埋过人，周围被密密的荒草掩盖着。德英和我一起在空坟里铺上一层厚厚的干草，把徐同志扶进去躺下，然后又用草把坟口堵上。我告诉徐同志千万不要出去，到时候给他送饭来。德英还为他送去了尿罐和便盆。

冬天的野外十分寒冷。德英在床上

翻来覆去睡不安稳，心里一直挂念着空坟里挨冻的徐同志。她和我比划着，叫我把家里唯一的一条破棉被给他送去，可徐同志执意不要。到了半夜，德英又穿上衣服，把徐同志从空坟里扶回家来，她让我和徐同志睡在床上，她坐在床边。实在困极了，就趴在床沿上睡一会儿，还不时地到外边听听动静。从那以后，白天就让徐同志到那座空坟里躲藏，夜里就扶他回到团瓢里睡觉。

那时候，我们才搬到林地不久，又添了孩子，家里缺吃少穿，日子过得紧巴巴的。德英知道伤员需要补养，就把我们家的两只母鸡杀掉，做鸡汤给徐同志喝。德英看看自己家里再也拿不出什么东西来了，就跑到村里要些高粱、玉米面回家熬粥给徐同志喝。

到了第五天，德英发现徐同志的伤口化脓了，她的心里像是压上了一块沉重的石头。她一天几次端着盐水到坟里给徐同志洗伤口，给他端屎端尿。半个月过去了，在德英的精心照料下，徐同志的伤口基本愈合。又过了几天，他要返回部队了。他深情地抱着孩子向德英和我表示感谢，德英笑着摇摇手。我把徐同志送到集上，借钱买了一个锅饼给他，让他在路上吃。临别时，徐同志依依不舍，泪水汪汪。

随着岁月的流逝，我忘记了徐同志的名字，也不知道他后来怎么样了。从那以后，虽然再也没有见过他，但他在我家养伤的情景却时时浮现在眼前。

1943 年正月的一天，我被日军抓去后，从泰安城带来了一个十五六岁，脚部受伤的小八路，名叫庄新民。他是山东纵队卫生部第一所下属分所的看护。1942 年底，日军对沂蒙山区进行大“扫荡”时，这个分所的人员被敌人冲散，庄新民混到逃难的人群中。

庄新民同逃难的老百姓一道躲进了王家河东岸的卧牛山上。天刚黑，遇上了敌机轰炸、扫射，之后，他和我们几个人一起被敌人抓起来，关在马牧池南庙里。第二天，敌人将我们用绳子捆绑起来，一个连一个，押送到沂水城。两星期后，敌人用笔把我们的脸涂上红颜色，押送到泰安城，一路上还让我们牵着他们在“扫荡”中抢来的牛、驴、羊。到泰安城以后，一位翻译告诉我们：“你们是良民，牛、羊、驴已送到，可以走了。”

由于庄新民被捕前与敌人在山上周旋了很长时间，鞋跟磨破了，脚底被刺破，流血流脓。在半路上，他是靠我背着走的。就这样，他随我来到家中。德英见小八路的脚伤得厉害，心里很难过，马上用盐水给他洗脚，用布把伤口包扎起来。她又出去弄来几个土豆，煮熟后拌上盐，给庄新民吃。夜里为了庄新民的安全，德英不顾寒冷，不时地到外边观察动静。第二天天刚亮，庄新民醒来了。他躺在床上，看着团瓢里的一切，心里很不安，这是一个十分贫穷的家庭，又添上一张嘴，可怎么生活呀！起床后他告诉我，要找八路军去。我和德英几次挽留，他说啥也不肯再住下去。俺俩觉得实在没有东西糊口，就答应了他。这天早晨，德英跑到村里借了几个地瓜，煮熟后让他吃了一半，另一半让他带着在路上充饥。临别，我告诉他：“你去找找看，找不到部队再回来。”就这样，我们含着泪水把他送到了王家河岸上。

1955 年，在上海工作的庄新民经过多方查找，与我们取得了联系，一直书信来往不断。

德英始终热爱人民军队。中华人民共和国成立后，我们先后送儿子、闺女、侄儿、孙子四位亲人参军。后代们也没有辜负我们的期望，一张张立功喜报飞进我们的家。

（本文由八路军太行纪念馆供稿）